(RE)VIVEZ
DE L'INTÉRIEUR

DU MÊME AUTEUR

La rencontre des personnes de la rue, Paris, Nouvelle Cité, 2006.

Le Soin dans tous ses états, Paris, DDB, 2011.

À quoi sert un chrétien ?, Paris, Éd. du Cerf, 2014 (Prix de l'humanisme chrétien 2015).

Prenez soin de votre âme, Paris, Éd. du Cerf, 2018 (Prix de la littérature religieuse 2019).

JEAN-GUILHEM XERRI

(RE)VIVEZ DE L'INTÉRIEUR

Guide pratique de sagesse contemporaine

LES ÉDITIONS DU CERF

www.editionsducerf.fr
24, rue des Tanneries
75013 Paris

ISBN : 978-2-204-13241-1

Guérir parfois, soulager souvent,
écouter toujours.
Louis Pasteur.

Introduction

Ce livre – *(Re)vivez de l'intérieur* – est la réponse aux nombreuses demandes de lecteurs de *Prenez soin de votre âme* qui ont souhaité poursuivre un compagnonnage avec les Pères du désert.

Le large écho qu'a suscité cet ouvrage est le signe de la *pertinence* du regard que ces maîtres de sagesse portent sur l'âme humaine et de l'*actualité* de leur pédagogie pour en prendre soin. Ces hommes et ces femmes du IVe siècle ont innové, radicalement. Influencés certainement par les thérapeutes d'Alexandrie et plausiblement aussi par les spiritualités de l'Extrême-Orient, ils ont révolutionné les connaissances sur la vie de l'âme. Ils offrent une conception dynamique de la vie intérieure et des modalités de sa croissance. Dans la spiritualité orientale chrétienne, cette médecine de l'âme est considérée comme « l'art des arts et la science des sciences ». Ils ont fait trois expériences : thérapeutes, sages et guides spirituels. Comme thérapeutes, ils ont soigné, accompagné, écouté ceux qui souffraient. Comme sages, ils ont aussi conseillé, guidé, fait grandir ceux qui venaient vers eux car ils sentaient qu'à leur contact, ils pourraient mieux vivre. Comme guides spirituels, ils ont proposé le soin du corps et du psychisme dans une perspective spirituelle qui invite à s'ouvrir à la Vie qui, mystérieusement, circule en nous.

Tout au long de cette lecture, nous serons invités à entrer *pratiquement* dans leur expérience. À la lumière de l'enseignement des Pères du désert, et au travers de dix chapitres synthétiques, nous trouverons une analyse innovante de chacun des déterminants de l'équilibre intérieur : fonctionnement, entretien, pièges, maladies, médications. Leurs recommandations, leurs conseils et des exercices pratiques nous accompagneront. Nous aurons aussi à notre disposition des méditations audio guidées qui nous aideront, tant que de besoin, à entretenir notre vie intérieure comme nous entretenons peut-être déjà notre corps ou un bout de jardin.

Et il n'est pas impossible que, progressivement, nous sentions que l'intériorité n'est pas réservée aux bonzes ou aux moines, mais que c'est une affaire à la portée de chacun dans sa vie quotidienne. Nous ne sommes pas à l'abri de découvrir des moyens concrets qui nous conviennent dans notre recherche de sagesse et de mode de vie plus équilibré. Il se pourrait même que la vie intérieure ne nous apparaisse pas d'abord comme une affaire de « zénitude » mais plutôt de l'ordre du « plus humain » et « plus vivant ». L'opportunité est ici de (ré)entrer dans sa vie, dans le mouvement de la Vie.

Pour notre santé et plus largement notre vie, il y a au fond bien peu de choses sur lesquelles nous pouvons agir : notre alimentation, notre activité physique et notre vie intérieure. Pour ce volet « intériorité », voulez-vous me suivre ? C'est toujours plus facile à plusieurs !

Une précision : pour des raisons de confort de lecture, les références bibliographiques ne sont pas indiquées en bas de page. Vous trouverez, en fin d'ouvrage, une bibliographie dans laquelle l'auteur a su trouver quelques lumières.

Compagnonnage audiophonique avec les Pères du désert

Vous pensez tenir en main un livre. En effet, mais un livre particulier car l'invitation qui vous est faite n'est pas seulement de le lire mais aussi de le vivre. De vivre cette (ré)appropriation de votre vie intérieure, en compagnonnage avec les Pères du désert. D'être un lecteur-acteur. C'est à la fois notre raison et notre cœur, notre corps et notre intériorité que mobilise leur pédagogie. C'est pourquoi, en complément aux pages, des méditations audio-guidées sont à votre disposition. Structurées à partir des principaux repères des Anciens en termes de pratiques méditatives, elles s'appuient pour chacune d'entre elles sur des apophtegmes et des conseils qui nous aideront dans nos attitudes extérieures et intérieures.

Ces méditations sont au nombre de sept : les trois premières correspondent aux fondamentaux (s'asseoir, faire silence, apaiser son mental). La quatrième est centrée sur la respiration. La cinquième nous propose d'apprivoiser notre mort. La sixième aidera à habiter davantage son corps et la septième nous fera entrer dans une relation vivante avec notre environnement.

Comment en faire le meilleur usage ? : avec liberté et aussi régulièrement que possible.

Avec liberté.

Ces sept méditations ont leur logique. Mais le plus important est d'accorder la méditation que vous choisirez à votre « météo intérieure ». Nos humeurs évoluent, elles changent. C'est pourquoi il peut être intéressant que vous fassiez un « premier tour » des sept méditations, pour en prendre connaissance. Et vous constaterez probablement à l'issue que certaines vous ont plu, et qu'avec d'autres, vous avez moins accroché. Normal, elles font écho à des états d'âme différents, elles ne répondent pas aux mêmes besoins intérieurs. Notez-le seulement. Et à d'autres moments, alors que vous serez traversé par d'autres états d'âme, celles-là mêmes dans lesquelles vous n'êtes pas initialement rentrées, seront peut-être pour vous les plus consolantes.

D'autant plus que dans l'esprit de cette pratique, il n'y a rien à réussir, ni même à échouer. Il n'y a pas de « j'ai réussi à entrer dans cette méditation, ou pas d'ailleurs ». Il n'y a qu'à goûter, qu'à sentir intérieurement ce qui est, ce qui m'est accessible, avec attention, aussi minutieusement qu'il m'est possible.

Aussi régulièrement que possible.

La méditation, c'est comme l'alimentation ou le sport. Pensons au plaisir d'un bon repas ou à la détente procurée par une bonne séquence sportive ! Mais c'est sur le long terme qu'une nourriture saine et une activité physique régulière portent des fruits durables sur notre métabolisme. Il en est de même pour la pratique méditative, quant à son effet sur notre équilibre intérieur.

Cela étant dit, n'en faites pas une injonction supplémentaire, une ligne infaisable de plus dans votre « to do list ». Avec fermeté et douceur, avec résolution et compréhension vis-à-vis de vous-même, faites au mieux. Réfléchissez par avance, et à la lumière de votre expérience, au meilleur moment pour vous, pour méditer. Et peut-être qu'en fonction de tel ou tel changement dans votre vie, il sera amené à être reconsidéré. À certains moments, vous « lâcherez l'affaire », comme tout le monde. Puis vous y reviendrez, et vous vous en réjouirez.

Présentation synthétique des méditations audio guidées

S'asseoir ou comment (re)trouver sa juste place (11'55")

S'asseoir, se poser. Ca nous est nécessaire et c'est apparemment si simple. Et comme beaucoup de choses simples, c'est parfois compliqué, pris que nous sommes dans le mouvement, dans le flux des activités et des sollicitations.

Faire silence ou comment entendre ce qui se dit au-delà des mots (15'45")

Nous vivons dans un environnement dans lequel le silence est en voie d'extinction. Pourtant, le silence nous est nécessaire, comme l'air que nous respirons. Mais contrairement à ce qu'on pourrait penser, le pire ennemi du silence n'est pas le bruit, mais la peur du silence.

Apaiser ses pensées ou comment sortir (un peu) de l'emprise du mental (16′05″)

Notre mental produit en permanence des pensées, des jugements, des ruminations, des émotions, des sensations, etc. Toutes choses bien normales mais qui parfois nous éloignent du présent, de ce que nous avons à vivre, qui nous en donnent une vision déformée et qui nous font souffrir.

Respirer ou entrer dans le mouvement de la vie (19′20″)

Pour les Anciens, l'humain est fait de résidus de terre, d'humus, de la chair de la terre, et il devient un vivant par le Souffle qui le traverse. C'est par ce souffle, ce « pneuma », qu'il passe de l'homme psychique à l'homme spirituel. Quand il utilise sa respiration pour méditer, il entre dans son pèlerinage intérieur, au rythme de sa respiration.

Méditer sa mort ou prendre la juste mesure des choses et du temps (19'55")

Pris dans nos activités et nos soucis du quotidien, nous pouvons avoir le sentiment de n'avoir plus de temps pour l'essentiel, de passer à côté de ce qui compte vraiment, parfois même à côté de notre vie. Retrouvons la juste mesure des choses et du temps.

Habiter son corps
ou s'accorder le repos nécessaire (24'10")

Les moyens de communication, nos modes de vie, notre manière de gérer notre temps rendent plus difficile notre capacité à goûter l'instant présent. Ne rien faire est une pratique salutaire qui repose et qui s'apprend.

Célébrer la Vie perpétuelle
ou méditer avec la Nature (35'10")

Il y a dans l'humain du minéral, de l'eau, du végétal, de l'animal et du souffle. Méditer avec toutes ces dimensions contribue à unifier notre nature intérieure et à entrer en relation avec la nature environnementale.

Comment télécharger ou écouter les méditations

À l'aide de votre smartphone ou de votre tablette, il vous suffit de scanner le QR code suivant en utilisant une application qui permet de lire les flashcodes.

Vous pouvez aussi recopier l'URL suivante dans la barre de votre navigateur :

http://revivez-de-linterieur.editionsducerf.fr/

1 Ton intérieur, tu dépollueras

Ou comment créer un environnement équilibrant

Les Pères du désert ont développé un enseignement sur la vie intérieure à partir de leur longue expérience. La première étape consiste à mettre en place un art de vivre propice à l'équilibre de l'âme. Comment en effet une personne, qui serait tout le temps distraite, préoccupée, déconcentrée, perturbée intérieurement, pourrait-elle vivre équilibrée (et *a fortiori* prier et trouver Dieu, comme le cherchaient les Pères du désert et leurs disciples) ?

Cette sagesse, qui permet alors de s'apaiser et d'entrer en relation avec le divin, consiste à faire reposer sa vie sur quelques bases simples.

La première d'entre elles est d'identifier ce qui pourrait nuire à mon équilibre intérieur, notamment dans mon environnement direct, pour m'en préserver. Qu'est-ce qui me pollue, qu'est-ce qui n'est pas favorable à ma croissance intérieure ?

Mettons-nous en route !

Abba Arsène dit : « Assieds-toi, fais silence et apaise tes pensées. »

« Depuis pas mal de temps maintenant, j'ai l'impression de faire dix mille choses et d'être partout à la fois. En fait je ne suis nulle part et je crois surtout que je ne fais que survoler ma vie », me confiait une amie, qui fait pourtant mon admiration pour sa capacité à mener de front vie familiale, vie professionnelle et engagements sociaux.

Rien de plus fragile que ce qui nous est essentiel. Notre vie intérieure est si discrète, qu'elle peut être oubliée facilement, au point, si je ne fais rien, de disparaître progressivement de mon existence. Un peu comme ces espèces animales ou végétales en voie d'extinction. C'est pourquoi une stratégie de « protection de notre intériorité », adaptée à chacun, est nécessaire. Cette prévention a deux objectifs :

1. Identifier ce qui peut polluer mon intériorité.
2. Mettre en place une moindre exposition à ces polluants.

DANGER, LES PERTURBATEURS DE L'INTÉRIORITÉ SONT PARMI NOUS

À l'instar des perturbateurs endocriniens qui modifient notre homéostasie biologique intime, il existe des « perturbateurs de l'intériorité[1] ». Des psychiatres parlent de « psychotoxiques ». Qui sont-ils ? Au XXIe siècle, ce sont le bruit, les images, la publicité, la multiplication des plans à la télévision, le marketing, la surabondance matérielle, l'érotisation massive des relations, l'hypervalorisation de l'activisme, les renforcements du narcissisme, les démesures financières, les appels téléphoniques et les SMS incessants, la dictature de la disponibilité permanente, la dispersion digitale.

Nous sommes envahis dans les rues, les supermarchés, le métro par l'omniprésence des messages publicitaires et des chansons.

1. Dans la suite du propos, nous les appellerons par leur acronyme « pdi » (prononcer pé-dé-hi).

Dans nos foyers, nous sommes inondés d'informations voire de verbiages par le biais de la télévision, de la radio, d'internet et des réseaux sociaux. Le monde est celui d'un flux continu d'informations, d'activités, de désirs et de consommation.

Nous sommes saturés de bruits et de paroles. Les espaces de silence se sont réduits comme peau de chagrin. Il n'y a plus de moments d'interruption silencieuse. Mais ne nous y trompons pas, l'ennemi du silence, ce n'est pas seulement le bruit, c'est d'abord la peur du silence. La connexion permanente, l'incessant flux de paroles imposé par les nouvelles technologies, la dépendance au téléphone portable, conduisent à le redouter. On se force parfois à parler pour éviter les « blancs ». Mais où est le problème ? Parfois, on n'a rien à dire. C'est un fait, et ce n'est pas un mal. Pourtant, le silence est cet état dans lequel nous faisons retour sur nous-mêmes, nous approfondissons notre être ; un état dans lequel nous méditons, rêvons, créons, réfléchissons, pleurons, prions.

Nos modes de vie altèrent en profondeur notre perception du temps. L'avènement de la communication instantanée et la dictature du temps réel sont en train de changer radicalement notre culture temporelle. L'urgence a envahi nos vies : il nous faut réagir « dans l'instant », sans plus avoir le temps de différencier l'essentiel de l'accessoire. D'une certaine façon, même notre temps libre est considéré comme un temps à optimiser, sous la pression de la société de consommation et du marketing. Le temps devient donc un défi permanent voire un adversaire. On ressent de plus en plus le besoin de le ralentir. Et il y a là quelque chose de paradoxal : nous en avons beaucoup plus que nos aïeuls et pourtant nous avons le sentiment aigu d'en manquer toujours.

La multiplication des opportunités de relations, de voyages, d'informations et de connaissances est en réalité source d'angoisse. Elle nous entretient dans l'illusion que tout est possible, alors que dans le meilleur des cas, on ne peut réaliser à chaque instant qu'une seule chose à la fois. Nous sommes poussés volontairement au zapping permanent.

Les *pdi* nous polluent intérieurement. Et comme tous polluants, ils ont des effets pathogènes : ils diminuent nos capacités intellectuelles, affectives et physiques. Ils nous tournent vers du futile, du superficiel et de l'inutile, flattant notre animalité, flétrissant notre humanité. Ils appauvrissent nos capacités de réflexion, nous rendent instables, handicapés de l'introspection, incapables d'être dans la non-action. Ils nous carencent en calme, en continuité, en lenteur, en neutralité visuelle ou sonore, et surtout, et c'est là où ma vie intérieure est concernée, en qualité de présence à soi et aux autres. Comme leurs homologues endocriniens, les *pdi* s'accumulent silencieusement dans nos âmes. Ils accomplissent en nous, lentement mais sûrement, leur œuvre délétère de dispersion mentale et désagrégation intérieure.

LA DÉPOLLUTION, À LA FAÇON DES PÈRES DU DÉSERT

Le quotidien des Anciens visait à favoriser leur vie intérieure. Comment s'y prenaient-ils ? La première étape était de chercher le nécessaire, la juste mesure, en s'allégeant du superflu, notamment dans l'alimentation, l'habit, le travail et les relations. Un Père du désert l'avait dit : « Ce qui est immodéré et à contretemps ne dure pas et est plus nuisible qu'utile. »

Quel enseignement pour nous que ce juste nécessaire aux besoins ! L'objectif explicite pour eux est de « ne pas risquer d'être contaminés par l'agitation et le trouble du monde ». Ils parlent bien de contamination ! Ils considéraient les *pdi* comme délétères. Ainsi en parle Hésychius de Batos dans son fameux

« Discours sur la sobriété et la vigilance » : « Il est bon que vous sachiez que nous avons des ennemis incorporels, invisibles, malveillants. Et nous, nous ne pouvons pas les vaincre, si ce n'est par la sobriété. » Sobriété, oui. Je préfère un synonyme, plus explicite et signifiant selon moi, la *dépollution*, car c'est bien de cela qu'il s'agit. Nous vivons entourés de polluants qui constituent les facteurs de risque pour notre vie intérieure comme le sont la sédentarité et le tabagisme dans les maladies cardiovasculaires.

La dépollution a pour fonction de réduire l'exposition à ces facteurs de risque. Mais elle fait parfois peur. Elle peut renvoyer à de la frustration, à une sorte de masochisme moyenâgeux. Elle contredira le fameux mantra « y a pas de mal à se faire du bien » et la logique hédoniste du moment. En réalité, en parler en termes de privation, c'est vouloir nous en rendre dépendants. Le véritable but de la sobriété est de vivifier la vie en nous.

Cette protection contre les *pdi* constitue aujourd'hui la seule vraie innovation de rupture, la seule révolution efficace et non-sanglante. Rien que de plus antiordinaire, alors que nous sommes tant sollicités, pour tout. Pour comprendre la nécessité de la sobriété, il faut cesser de la penser négativement, mais juste considérer qu'elle vise à dépolluer notre désir. Elle nous permet de nous soustraire à l'instrumentalisation par le marketing de nos pulsions du corps et du psychisme. Elle est le chemin qui nous aide à traiter nos obésités intérieures pour retrouver la « ligne de l'esprit ». Le sens de cette dépollution est de retrouver le goût de nos sens intérieurs. En pratique, se dépolluer, c'est connaître nos justes besoins. C'est arrêter de perdre du temps, de l'argent et de l'énergie mentale avec de l'inutile. Et ses cibles sont le bruit, les images, la malbouffe, la surconsommation, notre fringale de voyages, mais aussi, plus immatériels, notre appétit de projets incessants, nos ambitions, notre quête excessive de reconnaissance. Se dépolluer, c'est ne plus voir les êtres et les choses comme des objets de possession et de domination.

Comme le dit le pape François, il s'agit de « sortir du pragmatisme utilitaire » pour « prêter attention à la beauté » ; « quitter l'accélération et l'intensification des rythmes de vie et de travail » pour « retrouver la profondeur de la vie » ; « ralentir la marche pour regarder la réalité d'une autre manière » ; « ralentir un rythme de production et de consommation » pour « donner lieu à d'autres formes de progrès et de développement ».

La vie intérieure est comme une sculpture : pour créer son œuvre, le sculpteur n'ajoute rien à la matière, au contraire il lui retire ce qui est en trop pour révéler ce qui était déjà là, faire jaillir le fond en brisant l'apparence de la forme brute. De même, nous sommes invités à nous simplifier pour qu'apparaisse ce qui est déjà en nous, pour aider notre être intérieur à refaire surface. Elle est là la « fonction » de la dépollution.

En résumé, il va me falloir apprendre à dire non, pour mieux dire oui.

CE QUE JE RETIENS DE L'EXPÉRIENCE DES THÉRAPEUTES DU DÉSERT

Il existe des *pdi* qui polluent nos vies et carencent notre qualité de présence à soi et aux autres. Ils accomplissent en nous, lentement mais sûrement, leur œuvre de désagrégation intérieure. La sobriété/dépollution est la seule vraie révolution à mener aujourd'hui. Elle aura des effets positifs sur la nature environnementale comme sur la nature humaine.

Recommandation

Vous saurez trouver par vous-même comment réussir à vous préserver de vos *pdi*. Ça passera peut-être par conserver des plages d'unité (vous arrêtez le soi-disant « multitâche » et vous faites une seule chose à la fois) ; par la mise en place de séquences de continuité (pendant lesquelles vous vous donnez les moyens de ne pas être interrompu) ; en accordant à votre cerveau du repos pendant des temps de transition (plutôt que de vous ruer sur votre portable en attendant le bus) ; en ralentissant consciemment vos pas (plutôt qu'en suivant le troupeau de vos congénères de façon grégaire) ; en apprenant à dire non à certaines des sollicitations qui vous sont faites (vous acceptez de ne plus être disponible pour tous, pour tout et tout le temps) ; en consommant ce qui vous est juste nécessaire (et pas ce que vous dicte le marketing) ; en différant vos achats compulsionnels (exerçant ainsi votre droit à ne pas vous comporter en mode réflexe) ; en vous redisant régulièrement les fonctions que les Anciens attribuaient au travail (s'assumer, éviter l'acédie, aider les plus pauvres) ; en écoutant le silence dans l'intimité vespérale de votre chambre (une fois la lumière éteinte et juste avant de vous endormir) ; en goûtant à votre prochaine rencontre amoureuse, plus lentement et en silence (pour être autrement présent à votre partenaire/conjoint) ; en décidant quel jour de la semaine ou quel créneau dans la journée votre PC restera éteint ; en protégeant les temps de repas et la chambre à coucher de votre téléphone portable. Évidemment, ces quelques exemples sont à compléter !

Pour sauver la planète et nos vies intérieures, vous, moi, nous tous citoyens « de base », avons, au fond, plus de pouvoir que les États et les ONG. C'est dérangeant mais c'est ainsi !

EXERCICE PERSONNEL

Vous sentez-vous concerné par cette nécessité de dépolluer votre intériorité, en tout cas à veiller à limiter les risques de pollution ? Où sentez-vous que vous avez besoin de gagner en liberté intérieure ? C'est quand la dernière fois que vous avez réussi à dire non-pour-mieux-dire-oui, librement et paisiblement ? Qu'est-ce qui dans votre vie pourrait être avantageusement ralenti ou simplifié ?

La dépollution intérieure passera par vous. Alors prenez-la au sérieux, dès maintenant. Faites votre auto-diagnostic de vos *pdi*. Considérez-les catégorie par catégorie : les *pdi* liés à l'hyperconsommation matérielle et l'hypercommunication numérique ; les *pdi* liés à l'hyperactivité de projets et l'hypermobilité de déplacements ; les *pdi* liés à votre cinéma intérieur : avoir l'air plus ceci, être davantage comme cela, ambitionner de devenir ainsi (« même pour la bonne cause »). Et élaborez votre plan d'action pour vous mettre moins sous leur influence. Vous allez commencer par quoi ?

Apophtegme à méditer

Un homme qui chassait des bêtes sauvages dans le désert vit Abba Antoine qui se distrayait avec des frères. Il s'en scandalisa. Voulant le convaincre qu'il fallait de temps en temps se détendre, le vieillard lui dit : « Mets une flèche dans ton arc, et bande-le. » Il fit ainsi. Le vieillard reprit : « Bande-le un peu plus », et le chasseur le fit. Le vieillard lui dit encore : « Continue à le bander. » Le chasseur répondit : « Si je bande mon arc au-delà de la mesure, je vais le casser. » Le vieillard lui dit alors : « Il en va de même dans l'œuvre du Seigneur ; si nous mettons une pression excessive sur les frères, ils seront bientôt brisés. Il faut donc de temps en temps se détendre et se distraire. » Entendant ces paroles, le chasseur fut pénétré de componction. Grandement édifié par le vieillard, il partit. Quant aux frères, ils retournèrent chez eux fortifiés.

2

Solidaire et pacifique, tu seras

Ou comment comprendre que me regarder le nombril n'est bon pour personne, même pas pour moi

La dépollution de mon environnement est la première base de l'art de vivre des Pères du désert. La deuxième concerne ma relation aux autres.

C'est pour eux un élément essentiel de l'équilibre intérieur. Se regarder le nombril est un empêchement à toute croissance intérieure. Inversement, le souci concret de l'autre contribue à me faire avancer dans mon humanité.

On voit ça ensemble ?

Abba Agathon dit : « Si je pouvais trouver un lépreux à qui donner mon corps pour prendre le sien, je serais content, car telle est la charité parfaite. »

« Je vais à la rencontre des SDF. Je ne sais pas trop ce que je leur apporte, mais moi, je reçois tellement que ça me dynamise pour ma semaine ! » C'est ainsi que témoignait une bénévole engagée dans un mouvement caritatif. Eh oui, servir, s'occuper des autres, c'est bon pour son équilibre intérieur.

FAIRE DU BIEN, ÇA FAIT DU BIEN

Rencontrer des personnes de la rue, faire des crêpes pour des personnes âgées dans une maison de retraite, passer quelques jours avec des personnes handicapées, visiter des enfants hospitalisés, récolter des dons pour financer des projets solidaires, accompagner des personnes en deuil, chercher des solutions pour accueillir des migrants, économiser toute l'année pour se payer un séjour humanitaire, se raser le crâne en solidarité avec une amie qui a perdu ses cheveux suite à une chimio, aller donner des cours en prison pour aider à la réinsertion, supporter patiemment des personnes qui nous ennuient, écouter comme si c'était la première fois celui qui nous raconte pour la énième fois la même histoire, faire du secourisme bénévole en plus de sa vie professionnelle et de ses responsabilités familiales, aller porter la communion à des personnes qui ne peuvent pas se déplacer, tenir la porte pour la personne qui suit, laisser sa place en souriant à celle qui est debout, prier silencieusement, prendre sur son précieux temps pour donner un coup de main à quelqu'un qu'on n'apprécie pas, résister à ses envies de malveillance. La liste est infinie des initiatives, des gestes publics ou cachés qui aident, qui font du bien à l'autre, *a minima* qui n'entretiennent pas l'engrenage du mal.

Nous n'utiliserons pas tous les mêmes termes pour en parler : fraternité, solidarité, bienveillance, générosité, bonté, compassion, amour, souci de l'autre, hospitalité, miséricorde, charité, service. Les mots ont du sens bien sûr, mais là, j'ai envie de dire « peu importe ». L'essentiel, c'est ce mouvement favorable vers l'autre, pour l'autre. Et il est beaucoup plus répandu que nous ne le pensons généralement. L'influence envahissante de la dramatisation anxiogène et clivante de certains médias et parfois nos propres états d'âme biaisent notre regard.

Certains, sur un ton entendu, affirment que ceux qui font des choses bien, « c'est pour se donner bonne conscience ». Ils ne croient pas si bien dire. Le font-ils « pour » se donner bonne conscience, eux seuls le savent. Mais c'est une chose sûre que faire des choses bonnes est bon pour la conscience, signe que ça l'est pour notre vie intérieure.

Autrement dit, se soucier des autres est un facteur d'équilibre intérieur. Nous ne sommes pas faits pour se regarder le nombril et ne penser qu'à soi ou ceux qui nous ressemblent. Ce mouvement vers l'autre est un devoir moral les uns vis-à-vis des autres, un commandement dans certaines traditions religieuses, une sensibilité plus ou moins développée mais c'est d'abord et avant tout une réalité inscrite dans notre nature humaine.

POUR LES PÈRES DU DÉSERT,
PAS D'ÉQUILIBRE INTÉRIEUR
SANS DÉVELOPPER SON SOUCI
DES AUTRES

Une affaire de nature humaine

Pour les Pères du désert, ce mouvement favorable vers/pour l'autre (qu'ils appellent charité) correspond à une disposition naturelle de l'Homme. Donc ne pas l'exercer, c'est se mettre en déséquilibre intérieur. Antoine le Grand parle « d'une bonté originelle qui fait partie de la nature de l'Homme ». C'est pourquoi Jean Chrysostome affirme que « c'est elle qui rend l'homme humain ». La charité se trouve être la source principale de la vraie vie, c'est-à-dire de la vie pleinement humaine. Ainsi, interroge Nicolas Cabasilas : « Qu'est-ce qui rend les Hommes véritablement vivants, si ce n'est la charité ? » (magnifique !) L'exercice de la charité est un des facteurs essentiels de notre humanisation et de notre vitalité. Mais les Anciens, pas plus que nous, ne vivaient dans le monde de « Oui-Oui ». Il n'y a rien d'automatique dans le fait d'être solidaire. C'est une potentialité que je peux activer, ou pas. Écoutons Basile : « Dans la nature même de l'Homme, se trouve inséré un germe qui contient en lui cette aptitude à aimer. » En clair, ça signifie que, ne penser qu'à moi, passer mon temps à me regarder le nombril et faire des choix guidés par mon seul intérêt, ça dépend de moi mais c'est en fait aller contre ma nature. Inversement, m'ouvrir favorablement à l'autre, c'est respecter mon écologie intérieure.

Et plus je développe cette aptitude au bien de l'autre, plus je deviens humain, mieux je vais intérieurement. Ainsi est-elle considérée par les Anciens comme la « norme de la santé spirituelle ». Ammonas, dans ses « Instructions spirituelles », affirme que la « charité rend l'âme saine ». Un autre Père, abba Philémon, est aussi explicite : « L'amour délivre l'âme des maladies intérieures. » Augustin estime que la « santé spirituelle sera complète quand sera complète la charité ». La santé intérieure dont il est question s'éprouve notamment au travers de la paix et de la joie que le service procure (cette fameuse « bonne » conscience ou ce sentiment de beaucoup recevoir quand je donne).

Une spécificité de cette charité est qu'elle ne connaît aucune discrimination (ce qui, il y a 2 000 ans, était proprement révolutionnaire). Normal, puisque comme l'indique Antoine le Grand, « tous les hommes ont la même essence spirituelle. » « Compatissant est celui qui ne fait pas de distinction entre les uns et les autres, mais a pitié de tous », écrit Isaac le Syrien, qui affirme aussi que « celui qui aime tous les êtres de manière égale est parvenu à la perfection ». Maxime le Confesseur, lui, fait dans l'exhortation : « Fais ton possible pour aimer tout homme » et il poursuit :

> La charité parfaite n'admet entre tous les hommes aucune distinction basée sur les différences de caractères. Elle aime également tous les hommes, les bons à titre d'amis, les méchants à titre d'ennemis, pour leur faire du bien, les supporter, endurer patiemment tout ce qu'on reçoit de leur part.

Les Pères identifient plusieurs visages à la charité : la bienveillance, la bonté, la douceur, la bienfaisance, la compassion, etc. Ils la résument en deux attitudes : ne pas faire au prochain ce qu'on ne voudrait pas qu'il nous fasse et lui faire ce qu'on voudrait qu'il nous fasse. Et elle recouvre un champ large : les nécessités matérielles, les besoins de la vie intérieure, la consolation, le réconfort, l'affliction avec ceux qui peinent, la joie partagée avec ceux qui vont mieux.

Une priorité première

L'histoire de Dorothée, qui deviendra un grand saint (oui, oui, c'est bien un homme), nous montre combien l'horizon d'une vie pour les Pères du désert est le service. Quand il entre au monastère, il veut tout de suite pratiquer les vertus les plus abruptes, la prière perpétuelle et multiplier les exploits ascétiques. Son père spirituel, abba Barsanuphe, lui demande au contraire de construire un petit hôpital et de s'y dévouer aux malades. Quelque temps plus tard, Dorothée se plaint d'avoir des tas de pensées sexuelles ; Barsanuphe lui demande de ne point s'en préoccuper.

En contrepartie, Dorothée doit s'engager, sur des points précis, à une attitude de service et d'humilité. Peu à peu, il rapporte que ses obsessions disparaissent d'elles-mêmes.

Les apophtegmes ne manquent pas qui encouragent à la miséricorde, au pardon et à l'amour des ennemis. Par exemple celui d'Isaac le Syrien :

> Laisse-toi persécuter, mais toi, ne persécute pas. Laisse-toi offenser, mais toi, n'offense pas. Laisse-toi calomnier mais toi, ne calomnie pas. Réjouis-toi avec ceux qui se réjouissent. Pleure avec ceux qui pleurent, c'est le signe de la pureté. Sois l'ami de tous, mais dans ton esprit, reste seul.

Seul avec son Seigneur, qui est l'Amour… Et il poursuit :

> Voici mon frère un commandement que je te donne : que la miséricorde l'emporte toujours dans ta balance, jusqu'au jour où tu sentiras en toi la miséricorde même que Dieu éprouve envers le monde.

Le service a toujours priorité, même sur la prière pourtant si importante pour les Pères :

> Il arriva au milieu d'une nuit d'hiver qu'une femme accoucha sous le porche de l'église. Le moine l'entendit qui criait dans les douleurs ; laissant-là ses prières habituelles, il tint lui-même lieu de sage-femme.

Pour les Pères, les riches ont un rôle social clair : être au service des pauvres.

> Une grande famine s'étant emparée de la ville d'Édesse, Éphrem fut pris de compassion pour les habitants qui mouraient tous. Il alla trouver les riches propriétaires et leur dit : « Comment n'avez-vous pas pitié de la nature humaine en train de périr, tandis que vous laissez pourrir vos richesses ? » Éphrem géra lui-même les dons et put ainsi offrir chaque jour à tous les habitants atteints par la famine, hospitalité et assistance à partir de ce qui lui était abondamment fourni.

Les Pères recevaient beaucoup, pour une visite, pour quelques jours ou pour plus encore. Devant l'affluence, certains anachorètes ont fait construire, à distance de leurs cellules des bâtiments, des hôtelleries, voire des hospices. En fait, l'hospitalité faisait partie de leur vocation, vivant pleinement le commandement de l'amour. Chez les Pères, on reçoit, on accueille, on rend visite.

Cette hospitalité est associée au discernement pour reconnaître le vrai désir de ceux qui sont accueillis : offrir un repas, prier avec, conseiller, donner une conférence spirituelle, guérir, consoler, etc. L'hospitalité consiste à recevoir dignement, à satisfaire ses hôtes selon leurs désirs. Elle se caractérise aussi par le souci de fournir le nécessaire pour qu'ils poursuivent leur chemin en paix.

CE QUE JE RETIENS PARTICULIÈREMENT DE L'EXPÉRIENCE DES THÉRAPEUTES DU DÉSERT

Vouloir le bien d'autrui, ou au moins résister à ne pas lui vouloir de mal, participe à son bien, au bien du monde et aussi à mon équilibre intérieur. Ne penser qu'à moi me nuit. Tous les hommes, sans distinction, ont la même essence spirituelle.

Recommandation

« Trop bon, trop c… » ou bien « je veux bien être gentil mais pas me faire avoir non plus », entend-on parfois. Peut-être y a-t-il à sentir que ce dont il est question n'est pas d'être gentil en mode guimauve pour éviter les conflits, par soumission ou par recherche de compensation plus ou moins inconsciente. Il s'agit d'entrer progressivement dans un choix intérieur. L'enjeu est d'assumer la décision de servir plutôt que de se servir, d'aider plutôt que d'utiliser, de soutenir plutôt que de passer devant, en étant *justement* lucide sur le fait que nul ne vit dans le monde des Bisounours. Au crépuscule de nos vies, ce qui restera, ce sera nos amours, nos amitiés, nos pardons, bref ce que nous aurons vécu, comme nous l'aurons pu, dans ce registre du bien fait autour de soi. Alors n'attendez pas. Vivez selon votre nature profonde : soyez utile et pacifique, rendez service, sans vous lasser !

EXERCICE PERSONNEL
Parfois, c'est autrui qui nous indique qu'on lui a été utile ou bienfaisant, pas toujours comme on le pensait. Qu'est-ce que me renvoient les personnes autour de moi, dans ma famille, ma vie professionnelle, mes engagements ? Qu'est-ce qu'elles trouvent en moi d'aidant ou de bienfaisant ? Si cela peut m'aider, faire mémoire des « merci » qui m'ont été adressés par exemple cette dernière semaine et explorer pourquoi, par qui, dans quelles circonstances.

Et moi, à quelles occasions ai-je été aidé ? Je prends un temps pour le sentir. Il n'est pas impossible que me reviennent des situations très pratico-pratiques mais aussi des choses plus essentielles. Quels visages cela a-t-il pris : une parole, un coup de main, un livre, une présence, une petite attention... ? N'oubliez pas de remercier (intérieurement ou explicitement) la ou les personnes qui en ont été les auteurs !

Apophtegmes à méditer

Un frère lui demande : « Dis-moi une parole. » Le vieillard lui dit : « Autant que tu le peux, fais un travail afin d'avoir de quoi donner à qui est dans le besoin. Car il est écrit que par les dons et les œuvres de foi, la vie intérieure est purifiée. » Le frère lui dit : « Qu'est-ce que les œuvres de foi ? » Le vieillard dit : « Les œuvres de foi, c'est de vivre dans l'humilité et de faire miséricorde ».

Un frère se rendit chez un vieillard et, en partant, il lui dit : « Pardonne-moi, abba, car je t'ai dérangé dans ta règle de vie. » Mais ce dernier lui répondit : « Ma règle, c'est de te donner du repos et de te renvoyer en paix ».

3

La méditation, tu pratiqueras

Ou comment apprendre à retrouver régulièrement calme et ancrage

Après la dépollution de mon environnement et l'ouverture à l'autre, les Pères du désert nous prescrivent une troisième base sur laquelle faire reposer nos vies : la méditation.

Méditer, c'est se donner le moyen de se rendre présent, de revenir en soi-même.

Nécessaire, non ?

Abba Poémen disait souvent : « Ce qu'il nous faut, c'est une intelligence en éveil. »

« En fait, mon vrai problème, c'est que je n'arrive jamais à m'arrêter. Vous pourriez m'apprendre à me poser un peu ? », m'a demandé, au bout de quelques entretiens, une femme hyperactive. S'arrêter, se poser, voilà aujourd'hui un vrai défi pour beaucoup d'entre nous.

RECHERCHE « EXPÉRIENCE INTÉRIEURE » DÉSESPÉRÉMENT

La méditation est l'invitée surprise de ce début de XXIe siècle. Qui, dans les années 1980 aurait parié sur la place qu'occupent aujourd'hui les pratiques méditatives dans notre paysage culturel ? Pas grand monde assurément. Leur apparition est récente et bénéficie sans conteste d'un effet de mode, mais pas que. Considérer son engouement sous ce seul angle, c'est passer à côté de ce qu'elle dit de nos besoins fondamentaux.

Les propositions sont multiples : retraites, stages de méditation, sessions d'assise, séminaires d'intériorité, livres et vidéo dédiés. Avec des approches le plus souvent présentées comme a-confessionnelles, c'est-à-dire ne mobilisant pas une confession de foi particulière. Portée pendant des millénaires par des traditions religieuses, la méditation est devenue, à partir des années 1980, un objet d'études médicales afin de mieux comprendre ce qui se passe dans le cerveau quand on l'exerce. Ainsi, en 2017, plusieurs milliers d'articles scientifiques ont été publiés quant aux effets de la méditation sur les émotions, le système immunitaire, l'hypertension, la dépression, le sommeil, l'attention, etc. Les conclusions sur les bienfaits psychophysiques de la méditation étant globalement favorables.

Les caractères « aconfessionnel » et « approuvé par les sciences médicales » ne suffisent pas à expliquer l'appétence de beaucoup d'entre nous pour la méditation. Plus en profondeur, son succès fait écho à nos malaises intérieurs contemporains (générés par nos fameux perturbateurs de l'intériorité) :

- La frustration, alimentée par l'hyperconsommation et le marketing,
- Le bougisme, résultat de l'injonction à la mobilité,
- La culpabilité, de nos modes de vie antiécologique,
- La perte de sens, en rapport avec le matérialisme ambiant et l'envahissement technoscientifique,
- L'immédiateté numérique,
- La superficialité, entretenue par la culture médiatique générale,
- L'éloignement objectif de la nature.

Ces sept caractéristiques ne sont pas des théories mais des réalités psychiques que nous avons à affronter quotidiennement et qui mettent à mal notre vie intérieure. La pratique de la méditation est un chemin pour retrouver notre écologie, notre équilibre intérieur. Elle ne saurait en être le seul levier, mais elle en est une voie essentielle.

Qu'allons-nous y chercher ? À écouter les participants à des sessions de méditation, j'en ressors trois éléments importants. D'abord la méditation fait faire l'expérience de l'inscription dans le temps présent. Ensuite elle réunifie l'esprit et le corps que le cartésianisme et le technicisme occidental ont largement contribué à dissocier. Enfin, méditer nous donne l'occasion de quitter le mode de l'avoir pour celui de l'être. Être, juste être. Non pas juger sa vie, mais juste goûter d'être en vie. Retrouver de l'ancrage, des racines, du souffle, de la lenteur, du silence, de la liberté par rapport aux injonctions dominantes, mettre ses sens au repos, se retrouver…

LES PÈRES DU DÉSERT, DES MAÎTRES EN PRATIQUES MÉDITATIVES

Méditer n'est pas prier

Les Thérapeutes du désert ont une longue pratique de la méditation qu'ils appellent prière. La grande affaire des Pères est en effet de passer de l'acte de prière à l'état de prière. Pourquoi ? Au moins pour trois raisons : 1. être renforcé dans le combat contre les pdi, 2. se libérer de la préoccupation de soi, de son mauvais narcissisme et 3. s'unir davantage à Dieu : « La prière est le lien qui unit les créatures à leur Créateur. » Vous aurez compris que pour eux, la prière recouvre deux dimensions : psycho-physique (les deux premiers points) et spirituelle (le troisième). Ils faisaient du deux en un !

Point de vigilance, ce que nous appelons aujourd'hui « méditation », et qui est l'objet de ce propos, ne concerne que la composante psycho-physique. Il peut exister une confusion entre ce que recouvrent la méditation contemporaine et l'oraison chrétienne. Les deux réalités sont distinctes par nature et par intention. Par nature d'abord : la première est une activité psycho-physique, s'apparentant à un travail de l'attention et à la présence à ce qui est. La seconde est une pratique spirituelle religieuse, correspondant à une modalité de prière, parmi d'autres. Pour les Pères, cette activité de prière nécessite une préparation psycho-physique préalable mais ne se confond pas avec. Méditation moderne et oraison se distinguent aussi par leur intention. La première, d'une certaine façon, n'en a pas. Il s'agit juste d'être présent à ce qui est, simplement. La prière, elle, a des intentions : demander, remercier, louer, intercéder par exemple. C'est sûrement pourquoi la prière chrétienne ne se réduit pas à une pratique méditative. Il en existe d'autres formes comme les célébrations communautaires, les prières liturgiques, la *lectio divina*, le dialogue contemplatif, le chapelet, la prière avec les psaumes, la louange, etc.

L'expérience des Pères du désert met en évidence deux points qui peuvent nous aider à méditer (au sens moderne et psycho-physique du terme) et aussi à prier d'ailleurs : le contact avec le souffle et l'attention intérieure.

Le contact avec son souffle

En ce qui concerne la composante psycho-physique, au fil des générations de Pères du désert, plusieurs « écoles » se sont développées pour donner des repères quant à l'usage du corps pendant la méditation. La plus connue est celle de Syméon le nouveau Théologien qui donne des conseils très proches de ceux de la méditation basée sur la pleine conscience :

- Une grande simplicité,

- Une assise de repos, de stabilité, d'immobilité dans le silence, sans objet particulier,
- Des indications pour concentrer l'attention sur le souffle et le rythme respiratoire,
- L'insistance à tourner vers l'expérience que le centre de gravité d'une personne n'est pas dans son cerveau mais dans son cœur,
- L'instruction de porter son attention sur certaines régions du corps comme le cœur ou le nombril.

D'autres textes recommandent de s'asseoir dans un lieu écarté, paisible, volontiers silencieux. La posture recommandée est une inclinaison de la tête, un léger recourbement des épaules, le regard intérieur tourné vers le cœur. L'inspiration est lente et dirigée vers le cœur. Y est possiblement associée une invocation vocale puis mentale, d'une brève formule qui aide à se pacifier et concentrer son attention. L'application d'une « méthode », à la différence d'autres traditions, si elle peut être aidante, est en fait auxiliaire, secondaire pour les Pères du désert. L'essentiel est l'attention à la respiration, le contact avec les allers et venues du souffle en soi.

L'art de l'attention

Intérieurement, la méditation consiste à se poser et à scruter, observer les pensées distractrices qui apparaissent ou obsèdent. Les objets de l'attention à laquelle nous invitent les Thérapeutes du désert sont les « pensées », c'est-à-dire tout ce qui nous passe par la tête et le corps : pensées, jugements, ruminations, émotions, sensations, etc. La première recommandation pratique des Anciens était ce qu'ils appellent la « garde du cœur », ce travail de l'attention à ses mouvements intérieurs pour ne pas se laisser emporter par eux. Et cette attention, cette vigilance, cette garde du cœur, c'est exactement ce que permettent de développer les pratiques méditatives. La méditation est ainsi au soin de l'âme, ce que le rêve est à l'inconscient : la voie royale.

Cette activité attentionnelle, cette garde du cœur, est l'objet de la méditation, en tout cas si l'on définit méditer comme développer une attention soutenue à ce qui est, sans chercher à le modifier d'une quelconque façon, avec bienveillance et sans jugement.

Son utilité est de développer chez ceux qui la pratiquent davantage de présence et d'attention à eux-mêmes, aux autres et à la réalité ; en résumé, à ce qui est. Elle ne se contente pas de détendre mais elle change progressivement l'intériorité et son rapport au monde, elle modifie le cerveau et ses connexions.

Rien de plus simple donc, même si l'on sait tous qu'il n'y a rien de plus difficile que ce qui est simple ! *A contrario*, méditer n'est pas faire le vide, se mettre à léviter, faire de l'introspection et pas plus se relaxer. La détente peut être un bénéfice secondaire mais en aucun cas un objectif premier puisqu'il s'agit juste de s'entraîner à être attentif à ce qui est, que ce soit agréable, ou pas. Méditer confronte à ce qui empêche d'être davantage présent, instant après instant. C'est pourquoi la méditation n'est pas un état mais une pratique ; des pratiques même car on peut méditer assis ou debout, immobile ou en mouvement, en portant son attention sur telle sensation ou telle autre, telle pensée ou émotion ou telles autres. Méditer c'est être ouvert à l'expérience présente, sans s'y laisser emporter, nous apprenant une certaine égalité d'humeur. Dans le fond, les approches méditatives ne sont pas que des techniques, des méthodes, mais des changements profonds dans notre manière d'être au monde. Elles contribuent à une désautomatisation d'habitudes cognitives ou affectives liées à notre passé ou notre futur qui sont considérées comme de pures productions mentales plus que comme des réalités signifiantes. Ainsi pour les Pères, les perceptions – voir, respirer, manger, marcher, entendre – doivent être débarrassées de leur charge émotionnelle, faite de crainte ou de convoitise ou d'interprétation, et ramenée à la simplicité immédiate de la sensation. C'est exactement ce à quoi invite la méditation. Un homme qui avait du mal à ne pas consulter des sites pornographiques quand il utilisait son ordinateur, s'est mis à cette pratique attentionnelle de la « garde des pensées » en se donnant des temps de méditation. Au bout de quelque temps, il a constaté : « Les tendances sont toujours là, mais elles trouvent moins d'accroche en moi. »

CE QUE JE RETIENS DE L'EXPÉRIENCE DES THÉRAPEUTES DU DÉSERT

Méditer n'est pas une mode mais une pratique essentielle pour me dépolluer et retrouver une plus juste distance avec ce que je vis. Il y a plein de façons de procéder. C'est comme changer ses habitudes alimentaires ou reprendre une activité physique : c'est une pratique régulière qui apporte les meilleurs fruits.

Recommandation

Méditer ne consiste pas à se déguiser en bonze ou en moine, pas plus qu'à s'efforcer d'être zen ou à ramer avec ses petits bras musclés pour être dans la paix ou dans la joie. C'est très concret : pendant que vous êtes à l'arrêt à un feu rouge, essayez de prendre ce temps pour vous concentrer calmement sur votre respiration ; décidez pendant les jours de travail de faire une pause d'1 minute toutes les heures ; faites de votre environnement des opportunités pour vous rappeler de vous recentrer sur votre souffle, par exemple à chaque sonnerie d'un SMS ; pensez à parler avec vos collègues de sujets qui ne sont pas nécessairement liés au travail ; profitez de vos déplacements vers le métro pour porter votre attention vers les sensations corporelles liées à l'environnement : l'air est-il chaud ou frais, quels sons me parviennent-ils ? Faites simple !

EXERCICE

Vous est-il déjà arrivé d'être ailleurs que là où votre corps est ? Autrement dit, d'être absent à vous-même ? Moi, oui. Si vous aussi, exercez-vous à vous recueillir, à vous retrouver, à vous recentrer, non pas par narcissisme, mais par bienveillance vis-à-vis de vous-même. Donnez-vous un temps pour vous, plus tard, ou maintenant pourquoi pas. Cessez quelques instants de faire des choses, par exemple de lire ces lignes, pour vous sentir exister ; du mieux que vous pouvez, goûtez à ce qui est autour de vous : regardez ce qui vous entoure, écoutez les sons qui vous parviennent, humez l'odeur de la pièce dans laquelle vous êtes, éprouvez les sensations de contact de votre corps avec ce qui le soutient. Puis tournez votre attention vers votre respiration. Sans vouloir la changer, observez son rythme, son amplitude ; jusqu'où la ressentez-vous dans votre corps ? Faites-vous ce cadeau de votre présence à vous-même et ce qui vous entoure.

Et si vous êtes déjà un habitué, faites comme si c'était la première fois.

Les apophtegmes à méditer

« Assieds-toi, fais silence et apaise tes pensées », conseille Abba Arsène.

Abba Poemen disait : « Le commencement des maladies intérieures, c'est la distraction. »

Amma Synclétique dit : « Beaucoup de ceux qui sont dans la montagne, agissant comme des citadins, ont couru à leur perte. Et beaucoup de ceux qui sont dans les villes font les œuvres du désert et se sauvent. En effet, il est possible, au milieu du monde, de vivre en esprit. »

4

Ta vigilance intérieure, tu développeras

Ou comment développer mon organe spirituel, l'attention

Nous avons exploré les trois bases fondamentales de cet art de vivre des Pères, propice à notre développement intérieur : la dépollution/sobriété, l'ouverture à l'autre/solidarité, la méditation/le retour vers soi-même.

Il en est une quatrième, qui se fait en continu et qui consiste à veiller à tout ce qui nous passe par la tête, à être un peu maître chez soi !

On est toujours ensemble ?

Abba Antoine dit encore : « Quand les poissons restent trop longtemps hors de l'eau, ils meurent. Pour les moines, c'est pareil ! Quand ils restent longtemps hors de leur cellule ou bien quand ils passent leur temps avec les gens du monde, ils perdent la paix profonde de leur cœur. Faisons vite comme les poissons. Eux, ils rentrent vite dans la mer. Nous aussi, rentrons vite dans notre cellule pour ne pas oublier notre vigilance intérieure. »

« Ça va trop vite pour moi, je suis totalement dispersé et maintenant je ne suis plus qu'en mode survie. » C'est ainsi que s'est présenté un « addict » aux écrans dont les « gestes de premier secours » ont consisté pour lui à supprimer les notifications auditives et visuelles qui captaient son attention plusieurs fois par minute sur son ordinateur et son téléphone portable et à mettre sur silencieux ses outils numériques avant de s'endormir. Comme le système cardiovasculaire avec le cœur, la vie intérieure a son organe, l'attention. Pas de capacités attentionnelles, pas de vie intérieure possible.

ATTENTION AU HOLD-UP ATTENTIONNEL

Le mouvement naturel de notre mental est centrifuge ; c'est la dispersion mentale à peu près tout le temps, la dynamique est brownienne. Ce sont la distraction et le vagabondage des pensées qui constituent notre mode habituel. Et être dispersé, c'est non seulement fatigant mais aussi déséquilibrant pour notre vie intérieure. Si je n'y prends pas garde, je vais suivre mes pensées, mes idées, je vais alors m'absenter et peut-être même croire à tout ce qui me passe par la tête ! C'est pourquoi l'attention (ou la vigilance intérieure) est indispensable à l'exercice d'une vie intérieure. Les Pères du désert appellent cela la « garde du cœur » et ils en martèlent l'importance ; les sciences cognitives modernes l'éclairent. Il semble qu'aujourd'hui, dans notre société, un *pdi* source de tous les *pdi* est l'hypersollicitation. Elle s'inscrit dans plusieurs thématiques : l'alimentation, les produits matériels, le sexe, les loisirs, l'image de soi, la superficialité, la dérision, etc. Elle mobilise tous nos sens corporels et psychiques : la vue, l'ouïe, l'odorat, l'imagination, la mémoire, les désirs. Ces hyperstimulations trouvent largement leur puissance du fait de l'envahissement publicitaire, de l'invasion numérique et de l'omniprésence des écrans dans nos vies. D'où peut-être l'inflation du sentiment que je peux avoir d'être « tout le temps à la ramasse », peinant à suivre le rythme ; qui n'est le plus souvent que le rythme de ces sollicitations que je n'ai ni cherchées ni demandées mais auxquelles je suis exposé.

Ces hypersollicitations posent la question de « qui » décide de ce à quoi je porte attention. Et là, les neurosciences sont sans pitié pour notre orgueil. Le processus d'évaluation de l'utilité d'une information est le fruit d'une délibération hyperrapide et très largement inconsciente. Nous avons en moyenne trois à quatre décisions à prendre par seconde, si bien qu'un contrôle volontaire et conscient de chaque décision est totalement illusoire ! Ce n'est plus moi qui décide, qui choisit délibérément à quoi, à qui je fais attention, mais c'est ce qui se présente à mes sens corporels et psychiques qui, eux, réagissent en mode « robot ou animal ». C'est pourquoi les hypersollicitations nous font fonctionner de plus en plus en mode « pilote automatique ». Cet automate intérieur gouverne le présent. Il est sans recul, dans l'immédiateté et la réaction. En revanche, l'attention permet la prise de conscience et l'exercice de ma liberté.

Le fonctionnement est donc le suivant : l'attention nous donne le moyen d'observer, la conscience nous donne la possibilité de savoir ce que cela fait d'observer, mobilisant ainsi notre libre-arbitre et nous permettant de quitter le mode « automate intérieur ». Inversement, sans attention à soi, l'automate intérieur prend le pas sur la liberté et nous fonctionnons alors en mode pilote automatique, dans l'instant, dans la répétition, la réaction et sans recul.

Nous sommes victimes, plus ou moins consentantes, d'un détournement, d'un véritable hold-up de nos capacités attentionnelles. Pourtant l'attention détermine notre rapport au monde et à nous-mêmes. L'enjeu fondamental est alors de reprendre le contrôle de notre attention.

POUR LES PÈRES DU DÉSERT, PLUS IMPORTANTE QUE LA CONNAISSANCE DE SOI, L'ATTENTION À SOI

Leur grand commandement est : « Observe-toi toi-même. » Plusieurs apophtegmes le rapportent, dont cette parole adressée à Abba Antoine : « Antoine, sois attentif à toi-même. » ou bien : « Un frère demanda à un vieillard : "Qu'est-ce que la culture de l'âme qui lui fait porter du bon fruit ?" Le vieillard lui dit : "À mon avis, la culture de l'âme c'est le recueillement dans la vigilance [...]". » Et encore : « Un vieillard dit : "Si un homme intérieur n'est pas vigilant, il n'est pas possible de garder même l'homme extérieur". »

Basile a largement développé la question de l'attention. À partir du chapitre 15 du livre du Deutéronome et en particulier du précepte : « Observe-toi toi-même » que Dieu donne à Moïse, il prononcera une longue homélie :

> L'attention est aux êtres raisonnables ce que l'instinct est aux animaux [...]. Il y a deux manières de faire attention : par les yeux du corps, pour voir les choses visibles, et par la force de l'esprit, pour contempler les invisibles.

Puis il associe activité et attention :

> Le chasseur doit être attentif à ce que le gibier ne lui échappe, l'architecte doit être attentif à poser les fondations solides, le laboureur doit être attentif à bêcher autour

du figuier stérile, le pasteur doit être attentif à ramener la brebis égarée, l'athlète doit être attentif à la règle du jeu.

Il s'appuie sur l'Écriture pour insister sur le devoir d'attention :

> Observe-toi toi-même, dit Moïse. Chacun des animaux a reçu du créateur de toutes choses et trouve en soi les instincts nécessaires à la conservation de son être. On verrait, si l'on examinait attentivement, que la plupart des bêtes ont une aversion innée pour ce qui peut leur nuire, tandis qu'un penchant naturel les porte à jouir de ce qui leur est avantageux. Aussi le Dieu qui nous enseigne nous a donné ce grand commandement, afin que la raison fût pour nous un auxiliaire aussi puissant que la nature l'est pour les bêtes ; que nous accomplissions, grâce à une attention soutenue et à une surveillance continuelle sur nous-mêmes, ce que les animaux sans raison font d'une manière toute machinale [...]. Observe-toi donc, afin que tu sois capable de distinguer ce qui est pernicieux et ce qui est salutaire.

Et il poursuit :

> Observe-toi toi-même ; c'est-à-dire examine-toi de tous les côtés. Ne laisse point reposer l'œil de ton âme, fais qu'il veille sans cesse. [...] Pour réprimer cette effervescence de la pensée et ces emportements de l'esprit, pour contenir comme avec un frein cette imagination qui s'égare, l'Écriture nous proclame ce grand et sage précepte : Observe-toi toi-même.

Diadoque de Photicée ne cesse d'inviter à l'attention :

> Lorsqu'un psychisme a commencé à se purifier par l'intensité de son attention, alors, comme un vrai remède de vie, il sent un frémissement divin.

Abba Poemen le prescrit :

> Sois le portier de ton cœur ; la vigilance, l'attention à soi-même et le discernement sont les guides de l'âme.

Abba Hyperéchios l'affirme :

> Le moine qui veille fait que même la nuit, il fait jour.

Les Anciens considéraient l'attention comme une médication, dont la fonction est le « retour de ce qui est contraire à la nature vers ce qui lui est propre ». Nous sommes là au cœur du sujet de notre équilibre intérieur.

Pour mettre en œuvre cette vigilance intérieure, les Thérapeutes du désert pratiquaient la « garde du cœur », en grec *nepsis*, qui signifie la vigilance. Le conseil initial est donc l'attention à ce qui se passe dans notre cœur.

> La vigilance, c'est une méthode spirituelle qui, avec l'aide de Dieu, délivre entièrement l'homme des pensées et des paroles passionnées comme des actions mauvaises, si elle est poursuivie longtemps et ardemment. Elle nous enseigne comment mettre en œuvre les trois parties du psychisme[1].

---

1. Les trois parties sont l'intelligence, le désir et la force, selon l'anthropologie de la Tradition chrétienne.

Cette attitude consiste à rejeter, à tuer dans l'œuf tout ce qui nous distrait.

> La vigilance, c'est la concentration persévérante d'une pensée en faction à la porte du cœur. Une telle attention capte les pensées qui surviennent, elle observe, elle écoute ce qu'elles disent, et ce qu'elles font. Cette œuvre nous donne l'expérience du combat spirituel.

La garde du cœur, c'est d'abord une mobilisation de son attention intérieure. « Observe-toi toi-même, si tu ne veux te laisser surprendre par quelque pensée » poursuit saint Basile.

« Sois attentif à toi-même, sois le portier de ton cœur et ne laisse aucune pensée y entrer sans l'interroger ; interroge chacune des pensées et dis-lui : Es-tu des nôtres ou es-tu de nos adversaires ? » nous dit Évagre. Le discernement est donc capital. Les pensées peuvent être bonnes, indifférentes ou être pathogènes. Les reconnaître est la base de la vie intérieure :

> Il faut toujours [...] examiner avec un sage discernement toutes les pensées qui naissent dans notre cœur ; en découvrir tout d'abord la source et la cause ; et reconnaître de qui elles viennent, afin de nous conduire à leur égard selon le mérite de ceux qui les inspirent. C'est ainsi que, selon le précepte du Seigneur, nous deviendrons d'habiles changeurs. Ils savent distinguer avec une adresse et une science merveilleuse l'or le plus pur d'avec celui qui a été moins épuré par le feu. Leur prudence n'est pas trompée par un vil denier de cuivre imitant une monnaie précieuse sous l'aspect et l'éclat de l'or. Leur science leur fait discerner non seulement les monnaies qui sont marquées de l'image des tyrans ; mais celles mêmes qui, portant l'empreinte du roi légitime, ont été contrefaites. Dans leur grande sagesse, ils recourent enfin à l'épreuve de la balance pour s'assurer que rien n'ait été retranché à leur poids légal.

Si je considère une pensée comme perturbatrice, distractive ou négative pour mon équilibre, je peux m'appuyer sur les deux stratégies proposées par les Pères : le rejet ou la réfutation.

Le rejet consiste à ne pas discuter avec la pensée et à radicalement couper court à sa présence, alors qu'elle n'existe qu'au stade de suggestion. : « Celui qui résiste dès l'abord, c'est-à-dire dès la suggestion, a coupé court à toutes les infamies. » Maxime le Confesseur conseille de « ne pas laisser durer les pensées ». Pour ceux qui en redemandent : « Il faut seulement apercevoir les suggestions et tout de suite les retrancher dès qu'elles jaillissent. » Résumé de cette première stratégie : couper court, stopper net, s'attaquer à la racine, ne pas se laisser embarquer, etc.

La réfutation, quant à elle, laisse le perturbateur suffisamment pénétrer dans le cœur pour qu'une discussion s'engage avec lui. Le but est de le contredire, le réfuter, lui donner tort, lui opposer des arguments inverses à ce qu'il suggère. C'est ce qu'Évagre appelle la « méthode antirrhétique » : s'opposer à une pensée par une parole appropriée, en particulier issue de l'Écriture. Mais attention, cette méthode n'est pas sans risque et les Pères la conseillent davantage aux « ceintures noires[1] » de la vie spirituelle plutôt qu'aux débutants.

Un exemple : si un perturbateur m'encourage à être dans l'hyperactivité professionnelle pour des raisons pécuniaires ou d'honneur, la recommandation serait que je me dise ce verset des Proverbes (11, 4) : « L'argent ne sert à rien le jour de ta mort, mais la justice délivre de la mort. »

La « garde du cœur », cette vigilance intérieure, n'est pas un examen de conscience. Premièrement, elle se fait « en continu », c'est-à-dire à toute heure et pas sur des créneaux dédiés. Deuxièmement, la garde s'applique à ce qui se déroule au présent, au fur et à mesure de ce qui advient, et n'est pas une relecture *a posteriori* d'actions ou de pensées passées. Troisièmement, elle est une curieuse et délicate observation de ce

1. Ce n'est pas une expression des Pères du désert !

qui est, alors que l'examen de conscience est davantage de l'ordre de l'exploration.

CE QUE JE RETIENS DE L'EXPÉRIENCE DES THÉRAPEUTES DU DÉSERT

Mon mental, dans son fonctionnement normal, est traversé par des pensées, des ruminations, des émotions et des anticipations. Mon intériorité dispose d'un « organe » essentiel, l'attention. Je peux l'utiliser comme une vigie pour mon intériorité, m'aidant à discerner parmi toutes ses productions mentales, celles qui ne sont pas bienfaisantes pour mon équilibre.

Recommandation

Le but de la garde du cœur est de gagner en liberté devant nos *pdi* intérieurs. Son moyen est la mobilisation de l'attention et de la vigilance intérieures. Soit nos pensées nous apparaissent bonnes et consolatrices, alors il convient de les accueillir ; soit elles sont germes de distractions, de ruminations, d'anticipations ou d'obsessions, et il convient de les laisser naître et périr, sans se juger et avec douceur.

EXERCICE

Musclez votre organe. Je parle de l'organe de votre vie intérieure, l'attention. Pratiquez la garde du cœur. Pour cela, installez-vous confortablement, fermez les yeux tranquillement et observez ce qui se passe en vous. À un moment donné, viendront des pensées, des images, des soucis : ce SMS à envoyer, ce mail auquel répondre, la voiture mal garée, le reproche que m'a fait ma femme/mon compagnon et plus ou moins vite, l'envie d'arrêter cet exercice. « J'ai quand même autre chose à faire qu'à rester là à regarder mon film intérieur. » Stooop ! C'est maintenant que ça commence à devenir intéressant. Luttez souplement pour ne pas suivre cette pensée. Résistez-lui. Elle passera, ne vous inquiétez pas, comme font les nuages dans le ciel. En attendant, délibérément, choisissez d'observer ce que cette impulsion de quitter l'exercice produit dans votre corps : des tensions dans les cuisses, un rythme respiratoire qui s'est modifié, la perception des sons qui changent ? Faites preuve de caractère et ne lui soyez pas soumis. Et ne vous mettez pas la pression, ça s'apprend. Pour ceux et celles d'entre vous qui faites du gainage musculaire, vous savez bien par expérience que si vous arrêtez l'exercice dès que ça tire un peu, vous ne progresserez jamais !

L'apophtegme à méditer

Abba Germain demanda à Abba Moïse : « Comment se fait-il que souvent, à notre insu, beaucoup d'idées et de pensées mauvaises nous assaillent et nous trompent presque sans que nous nous en apercevions, s'introduisant en nous discrètement et subtilement, de telle sorte qu'il est difficile de leur en interdire l'entrée, et même de les reconnaître ? Nous voudrions savoir aussi s'il est possible que notre pensée en soit complètement affranchie et n'en soit pas du tout troublée ? » « Il est impossible, répondit Abba Moïse, que la pensée ne soit pas troublée par de telles idées mais il est loisible à quiconque en prend le soin de les accueillir en s'y arrêtant ou de les rejeter. Car leur venue ne dépend pas de nous, mais il est en notre pouvoir de les repousser, et la rectification de notre pensée appartient à notre volonté ».

5

De tes maladies d'origine spirituelle, tu feras le diagnostic

Ou comment repérer mes déséquilibres ou mes tendances

La sobriété, l'ouverture concrète à l'autre, la méditation et la vigilance intérieure sont les fondamentaux de l'équilibre intérieur. Mais, évidemment, la vraie vie, c'est que je ne suis pas toujours complètement aligné, présent à moi et aux autres, etc., et que ma vie n'est pas un long fleuve tranquille.

Les Pères du désert, véritables médecins de l'âme, nous aident à distinguer les situations où ce déséquilibre peut causer des dégâts.

Vous verrez, ça n'a pas pris une ride !

> Un solitaire disait à un Ancien : « Abba, je ne sens rien dans mon cœur qui me combatte et me cause de la peine. » Il lui répondit : « Tu ressembles à une maison qui a quatre portes. Toutes les pensées entrent en toi et en sortent, sans que tu y prennes garde. Mais si ton cœur n'avait qu'une porte et que tu la tiennes fermée pour empêcher les mauvaises pensées d'y entrer, tu les verrais s'arrêter au dehors et combattre contre toi ».

« J'ai tout pour être heureuse dans ma vie, un mari attentionné et des enfants pleins de vie et pourtant, je ne trouve aucun sens à rien », me disait une femme lors de son premier rendez-vous. « Je ne sais pas d'où ça vient mais je n'arrive pas à tenir en place : dès que je fais quelque chose, j'ai envie être ailleurs », est ce qui a conduit ce jeune retraité à venir consulter. Et si, l'une et l'autre, étaient atteintes d'une maladie d'origine spirituelle ?

UNE PRÉVALENCE IMPORTANTE DE « MALADIES CIVILISATIONNELLES »

À notre époque, les maladies sont envisagées dans quatre catégories :

- Des troubles d'expression somatique, d'origine somatique (troubles somatiques) ;
- Des troubles d'expression somatique, d'origine psychologique (troubles psychosomatiques) ;
- Des troubles d'expression psychique, d'origine psychologique ou psychiatrique (troubles psychologiques) ;
- Des troubles d'expression psychologique, d'origine somatique (troubles somatopsychiques).

Dans le même temps, se développent des maladies d'expression multiforme, parfois inclassables. Leur impact clinique tient en un mot largement utilisé et pourtant d'apparition récente : souffrance psychique ; autrement dit maladies de l'intériorité. Ces maladies, dites psychiques, sont *les* pathologies du XXIe siècle. Elles se manifestent sous forme de troubles dépressifs, d'anxiété, de suicides, de mal-être, de perte de sens, d'obésité, d'addictions, de violence, de souffrances au travail et, pour certaines, ne rentrent dans aucune catégorie. De par leur ampleur, elles constituent un enjeu de santé publique. La plupart des scientifiques les considèrent comme des maladies de civilisation, c'est-à-dire liées à nos modes vie.

POUR LES PÈRES DU DÉSERT, CERTAINS TROUBLES PEUVENT AVOIR UNE ORIGINE SPIRITUELLE

Les Pères du désert connaissaient bien ces tableaux cliniques. En plus des quatre types de maladies rappelées ci-dessus, ils estimaient que certains troubles peuvent trouver leur origine dans l'exercice de la vie spirituelle. Ils les ont dénommés troubles *noopsychiques*.

Par quoi la maladie noopsychique est-elle déclenchée, mise en mouvement ? Maxime le Confesseur répond que la « maladie est un mouvement contre nature du psychisme », un mauvais usage des facultés du psychisme : l'intelligence rationnelle, les désirs et la force. Les Pères pointent les responsables : ce qu'ils appellent les pensées. La définition exacte que donne Évagre des pensées (ou *logismoï* en grec) est la suivante : « Représentations d'un objet sensible qui met en mouvement dans un sens contre nature la force ou les désirs. » Les Pères ont observé deux modes d'apparition des pensées : 1. soit elles sont issues de stimulations corporelles directes (visuelles, auditives, tactiles par exemple) en lien avec un contact avec des objets matériels ou des personnes ; 2. soit elles sont internes, c'est-à-dire intra psychiques, provoquées par des traces, récentes ou anciennes, impliquant ainsi l'imagination, la mémoire ou l'intelligence rationnelle. Elles prennent alors la forme d'images, de souvenirs, de ruminations ou de rationalisations. Vous comprenez pourquoi la garde du cœur est si importante : c'est pour éviter que ces pensées n'entrent dans notre intériorité.

En résumé, le déséquilibre intérieur survient suite à des sollicitations externes qui ne me font pas de bien, ou bien sous l'effet de mon cinéma intérieur, vous savez cette tendance que nous avons tous, à se faire nos films !

Il s'agit de ces pensées qui parfois occupent nos esprits au point de nous envahir. Elles ont, par exemple, à voir avec le sexe, l'argent ou le pouvoir. Tantôt, elles nous enferment dans la tristesse, tantôt dans l'inquiétude ou encore dans la colère (ce qui parfois nous fait dire *a posteriori* : « Mais qu'est-ce qui m'est passé par la tête pour imaginer des choses comme ça ! »).

L'imagination peut être aussi un vecteur pour se « monter la tête » en succès, en honneur, en réussite, ou bien dans des tableaux inverses d'échecs et de ratage (« de toute façon je suis nul », « tu vas voir, je vais encore me planter »). En résumé, l'imagination conduit à ce qu'on se fasse des films intérieurs pas toujours justes ni pacifiants.

Les pensées exploitent aussi notre mémoire. Cette faculté peut s'en trouver instrumentalisée en faisant remonter des souvenirs ou des déceptions du passé. Les mêmes thématiques que celles de l'imagination sont mobilisables. Elles produiront alors de la tristesse, de la nostalgie, ou de la colère et de l'avidité, par exemple.

Outre ces pensées faites d'images ou de souvenirs, il en est d'autres qui sont plus intellectuelles, qui consistent dans des raisonnements ou des suggestions qui ont pour objet la remise en cause de nos conditions de vie. Ce sont toutes ces justifications qui me permettent de me donner bonne conscience pour faire quelque chose qu'au fond je sais ne pas être bon. C'est quand j'en suis à me dire que finalement tout ce qui structure ma vie est bien inutile et à quoi bon essayer encore de le respecter ? C'est la démonstration que je me fais à moi-même que je dois tout changer dans ma vie et me fait m'engager sur des décisions souvent excessives. Il s'agit de mouvements intérieurs de rationalisations et de ruminations qui peuvent mener au découragement, à l'abandon ou parfois à une sorte d'activisme forcené.

Les pensées exercent leur pouvoir pathogène dans le psychisme mais elles s'adressent à l'esprit. Évagre explique sans équivoque la problématique :

> Que toutes ces pensées troublent l'âme ou ne la troublent pas, cela ne dépend pas de nous. Mais qu'elles s'attardent ou ne s'attardent pas, qu'elles déclenchent les maladies ou ne les déclenchent pas, voilà qui dépend de nous.

La psychologie cognitive récente démontre que c'est justement l'évitement des pensées et émotions qu'elles suscitent qui est le moteur central de la plupart des troubles psychopathologiques. En effet, il y a troubles (anxieux, addictifs, humeur) quand mon attention est totalement captive de mes émotions (anticipations d'anxiété, auto-conviction de manque, ruminations d'événements négatifs) ou de mes pensées (« je vais avoir un malaise c'est sûr », « si je mange, ça ira mieux », « je suis un bon à rien »). Et le travail thérapeutique consiste à se défusionner de ces pensées pour ne plus être en mode automatique ou réactionnel.

Autrement dit, des sensations et des pensées, il y en aura toujours, la question est : qu'est-ce que j'en fais ? Jean Damascène en parle en termes de combat intérieur :

> Que les pensées nous troublent ou pas fait partie des choses qui ne dépendent pas de nous. Mais qu'elles demeurent ou pas en nous, qu'elles suscitent les maladies ou pas, fait partie de ce qui est en notre pouvoir. Une chose est la suggestion et autre chose l'accord. Une chose est la lutte, et autre chose la maladie et le consentement qui mène à l'acte.

Face à une pensée, l'homme a plusieurs possibilités : y consentir ou non, l'alimenter ou lui résister… Cette place des pensées signifie donc deux choses : qu'un combat est nécessaire contre elles ; et que ce combat est, *in fine*, intérieur et immatériel. Il mobilise la liberté profonde. Évagre prévient : « Plus difficile que la guerre matérielle est l'immatérielle. » Au fond, les sensations et les pensées sont à la vie intérieure les facteurs de risque que constituent par exemple la sédentarité et le tabagisme dans les maladies cardiovasculaires. Cette conception apporte finalement une bonne nouvelle : nous disposons de ressources profondes pour atténuer en nous le fonctionnement de l'homme psychique et advenir à notre seconde naissance, prendre le chemin de l'Homme spirituel.

L'observation fine que les Thérapeutes du désert ont fait de ces maladies noopsychiques leur a permis d'en identifier plusieurs, selon qu'elle touche telle ou telle faculté du psychisme : les désirs, la force et/ou l'intelligence. La Tradition a rassemblé les principales dans la liste suivante – nous avons mis entre parenthèses, les troubles contemporains correspondants :

- Les avidités matérielles (le matérialisme, le consumérisme et leur cortège d'addictions)
- Le rapport pathologique au sexe (l'addiction à la pornographie notamment)
- Le rapport pathologique à l'argent (la financiarisation du monde et l'obsession de l'argent)
- La tristesse (les troubles anxio-dépressifs)
- L'agressivité (les violences et autres incivilités)
- L'acédie (le sentiment de mal-être profond)
- Le rapport pathologique aux honneurs (les ambitions mal placées et le narcissisme flatté par les réseaux sociaux)
- L'orgueil (la recherche de toute-puissance).

La maladie noopsychique signe une rupture dans l'équilibre esprit/âme/corps. Je peux donc m'interroger sur une éventuelle maladie d'origine spirituelle quand :

- je fais des choses folles/insensées, alors que je ne suis pas « fou » (par exemple regarder 200 fois par heure mon portable pour regarder mes messages ou travailler jusqu'à m'épuiser) ;
- je ne me sens pas aligné intérieurement, pas en accord avec mes valeurs/ma conscience ;
- je ne suis jamais présent à moi-même ou à ce que je fais (par exemple être autour de la table pour le dîner familial et avoir mon esprit tout le temps ailleurs).

Cette approche de la maladie spirituelle pointe une réalité où, pris par le mode « pilote automatique », nous sommes extérieurs à nous-mêmes et passons à côté de ce qui est : tous ces jours de fin de semaine ou de RTT, où on ne pense qu'au lendemain et aux dossiers en cours, sans savourer la présence de nos proches et le temps du repos ; toutes ces fois où on participe à une réunion sans écouter vraiment ce qu'on nous dit, ces repas en famille ou entre amis où, en fait, on est physiquement présents et mentalement ailleurs ; toutes ces expériences de bonheur ou de présence à un paysage magnifique où notre priorité est d'immédiatement faire un selfie ou de prendre une photo sans goûter aux sensations et aux émotions de l'instant. À force de multiplier les moments où on est « à côté » du présent, ne risque-t-on pas de juste passer « à côté » de sa vie ?

CE QUE JE RETIENS DE L'EXPÉRIENCE DES THÉRAPEUTES DU DÉSERT

Il existe des déséquilibres intérieurs liés à la façon dont je me situe face à tout ce qui me passe par la tête : pensées, ruminations, émotions, anticipations, rationalisations. À trop les suivre, je risque d'être moins présent à ma vie et de développer des attitudes négatives pour moi et ceux qui m'entourent.

Recommandation

Dans la catégorie « cinéma intérieur », les ruminations mentales arrivent en tête. Les identifier est déjà la première étape. Pour savoir si elles sont à l'œuvre, demandez-vous si depuis qu'elles tournent, vous avez avancé sur votre problème ; ou si vous avez trouvé quelques solutions ; ou si vous vous sentez mieux d'y avoir pensé. Non, non et non ?, donc vous ruminez. Détachez-vous alors d'elles en mobilisant votre corps : des flexions surplace jusqu'au footing, de la déambulation dynamique jusqu'à l'attention statique aux sensations qui vous parcourent, tout sera bon : les mouvements du corps font fuir les ruminations du mental !

EXERCICE
Quand vous vous sentez prêt, considérez cette réalité qu'aux côtés des maladies d'origine somatique, psychologique, psychosomatique et somatopsychique, il

existe des maladies qui sont liées à votre vie spirituelle.

Comment cela résonne-t-il en vous ? Ces points d'alerte « faire des choses folles alors que je ne suis pas fou » ou « se rendre compte que je suis de moins en moins présent là où mon corps est » ou encore « ne pas me sentir aligné avec mes valeurs » vous parlent-ils ? Est-ce que cela vous est complètement étranger ou bien sentez-vous qu'il y a quelque chose qui rejoint ce que vous vivez ? Quelles sont les situations, les relations, les projets dans lesquels vous ne vous sentez pas aligné ou pas présent « au fond » ?

Parmi les principaux troubles noopsychiques :

- les avidités (voire les addictions) à la nourriture, l'argent, la consommation, le sexe, le travail,
- la tristesse,
- le sentiment de mal-être, de non-sens, de lassitude, d'instabilité,
- l'irritabilité voire l'agressivité,
- la toute-puissance,

- la recherche excessive d'attention et/ou d'honneur,

quels sont ceux pour lesquels vous vous sentez concernés, en risque, voire atteint ?

Apophtegme à méditer

Un vieillard dit : « Sois comme celui qui, sur le marché, traverse une auberge et respire l'odeur de la cuisson ou d'un rôti. S'il le désire, il entre pour manger ; sinon il respire seulement l'odeur en passant et s'en va. Il en va de même pour toi : écarte-toi de la mauvaise odeur et réveille-toi. Car nous n'avons pas à déraciner les pensées mais à leur résister ».

6 Tes avidités, tu maîtriseras

Ou comment ne pas perdre le contrôle de nos envies

Parmi ces troubles d'origine spirituelle identifiés par les Pères du désert – bien d'actualité vous en conviendrez –, il en est qui sont particulièrement présents aujourd'hui. C'est le cas de ceux qui sont liés à nos désirs, nos envies et tout ce qui, dans notre environnement, les exacerbe ; pour le meilleur, et parfois le pire.

Pas de stress, nos médecins de l'âme nous donnent des pistes…

Un Ancien disait : « Si vous êtes chaste, ne jugez pas les autres, sinon vous violerez la Loi autant qu'eux. »

Un quadragénaire dynamique est venu consulter parce qu'après un premier épisode de burn-out il y a trois ans, dit-il « je sens que je suis en train de replonger dans une addiction au travail qui va encore me conduire dans le mur ». Un tout jeune papa vient me voir, en larmes : « Je ne me lève plus la nuit pour m'occuper de mon bébé, tellement je sais que je n'arriverai pas à résister à la tentation de faire un détour par mon ordinateur et de me connecter jusqu'au matin. Ma compagne ne le supporte plus, et moi non plus. »

L'INCITATION AUX ADDICTIONS, LE MAL DU SIÈCLE

Jouant avec nos désirs, la société contemporaine excite nos avidités et nous incite à devenir addict. Que ce soit l'alimentation, le sexe, les écrans, les jeux, la consommation, certains produits, tout est bon pour nous faire entrer en dépendance. Les addictions sont des conduites définies par une dépendance à une substance ou une activité et qui ont des conséquences délétères. Elles comprennent des risques médicaux, une fragilisation de la relation conjugale, un impact financier, une désocialisation progressive et toujours des troubles psychiques et cognitifs (difficultés de concentration, d'expression ou de mémorisation par exemple) qui peuvent peser sur les résultats scolaires ou professionnels.

Le caractère addictif se caractérise par l'enchaînement : avidité → plaisir → dépendance → répétition → perte de maîtrise. Petit à petit, « ça prend toute la place ».

On distingue deux types d'addictions. D'abord celles à des substances : médicaments, alcool, tabac, substances illicites (cannabis, drogues, nouveaux produits de synthèse, etc.). Ensuite celles à des activités, qu'on appelle addictions comportementales. Elles sont en plein essor et prennent différents visages : dépendance aux écrans, au travail, aux achats, aux jeux, à la sexualité compulsive. Dans ces addictions, c'est d'une expérience que l'on devient dépendant et non pas d'abord d'une substance, en réponse à un malaise intérieur et en y cherchant du plaisir.

Les avidités au numérique et au travail se développent aujourd'hui massivement.

La cyberdépendance, comme les autres addictions, va engendrer des frustrations, des phénomènes anxieux et des troubles du comportement. On parle même maintenant de *burn-out numérique*. Le psychiatre Samuel Pfeifer indique quelques symptômes évocateurs :

- le besoin irrésistible de se connecter,
- une capacité de travail réduite par l'usage excessif d'internet,
- la perte de contrôle pour se déconnecter, associée à un sentiment de culpabilité,

- des répercussions négatives sur les relations avec ses proches,
- des tentatives de minimiser son usage,
- des tentatives avortées de s'affranchir des connexions,
- le sacrifice, pour Internet, de certaines de ses valeurs éthiques ou morales.

Concernant l'addiction au travail, ces repères doivent nous alerter :

- vous pensez à comment vous pouvez libérer plus de temps pour travailler,
- vous passez beaucoup plus de temps au travail que ce qui est prévu,
- vous travaillez dans le but de réduire les sentiments de culpabilité, d'anxiété, d'impuissance et de déprime,
- vos proches vous ont déjà dit de réduire votre temps passé au travail mais vous ne les écoutez pas,
- vous vous sentez mal dès lors que vous ne pouvez pas travailler,
- vous laissez de côté vos loisirs à cause de votre travail,

- votre travail a des répercussions négatives sur votre santé.

La problématique des addictions comportementales est double. D'abord, elles rejoignent des activités naturelles : manger, travailler, avoir des relations sexuelles, faire les courses. Ensuite, elles sont très incitées par la société : publicité, monde du travail, valorisation de la performance. Ainsi, l'argument marketing d'une série TV ou d'un parfum sera son caractère addictif.

POUR LES PÈRES DU DÉSERT, NOS AVIDITÉS ONT VOCATION À TROUVER UNE JUSTE PLACE

Les Pères du désert peuvent nous aider à mieux gérer nos avidités, nous évitant ainsi peut-être de devenir addict. Car, au fond, l'addiction est une avidité qui a mal tourné. Ils nous donnent pour cela plusieurs conseils.

Être lucide sur les avidités devant lesquelles je suis le plus vulnérable

Nos avidités actuelles ne sont pas nouvelles. Les Pères en faisaient déjà l'expérience, eux qui ont abondamment décrit leurs combats intérieurs pour résister à l'avidité :

- de leur ventre (Dorothée de Gaza parlait de la « folie du ventre et de la bouche »),
- de leur sexe (« Parmi les nombreuses avidités du cœur humain, il n'en est aucune qui ait une force comparable à celle de la volupté » constate Grégoire de Nysse),
- de leur regard (« Il est malade le cœur qui regarde avec concupiscence », diagnostique Jean Cassien).

Les formes ont changé, mais les avidités restent les mêmes. Alors moi, devant lesquelles suis-je le plus fragile : celle du regard concupiscent, celle de la cyberpornographie, celle de la gourmandise qui devient gloutonnerie, celle du travail, celle des écrans, celle de la consommation, celle des jeux, celle de la performance physique... ? Mais pas de culpabilité, même les moines du désert ont connu ça !

Pratiquer la « fuite des occasions »

Autrement dit, limiter les risques. Jean Cassien explique ainsi qu'« il est nécessaire de soustraire à l'avidité les objets de nature à l'amorcer ou l'encourager, de peur qu'elle ne se précipite à s'assouvir ». En pratique, cela signifie qu'il est utile de limiter le risque d'exposition à l'activité addictogène. Par exemple, cela passera par changer de place mon PC pour le mettre dans le séjour plutôt que dans la chambre si je me reconnais en risque de cyberdépendance, ou de prendre un engagement un soir dans la semaine qui me « contraigne » à partir plus tôt du bureau si je me sens en risque d'addiction au travail.

Identifier l'étape à laquelle je peux mobiliser ma détermination

Les Pères du désert, en particulier Hésychius de Batos ou Philotée le Sinaïte, ont décrit le processus d'évolution de l'avidité à l'addiction, quand je ne parviens pas à le stopper. Il se déroule en cinq étapes. D'abord la *suggestion*, qui désigne l'apparition dans la conscience d'une pensée (images, souvenirs, ruminations) ; ensuite la *complicité*, où l'intelligence commence à s'engluer, à s'entretenir avec elle et à justifier la passion naissante ; puis vient l'*adhésion*, par laquelle c'est au tour de la volonté de consentir ; alors est permise la *réalisation*, qui parfois évolue vers l'*habitude*. Et quand on en arrive à ce dernier stade, on perd le contrôle. Plus tôt j'interviens dans ce processus, moins le combat est difficile.

Entrer dans le combat intérieur par la « garde du cœur »

Le nombre important d'apophtegmes se rapportant au combat que les Pères du désert mènent contre leurs avidités alimentaires, sexuelles ou de pouvoir, témoigne de la place qu'elles tenaient dans leur vie. Un peu comme nous finalement…

> Un frère accablé par les pensées sexuelles vint chez un grand vieillard et le supplia en disant : « fais-moi la charité de prier pour moi, car je suis accablé par les pensées sexuelles. » Et le vieillard supplia Dieu pour lui. Une seconde fois, il vint chez le vieillard et lui dit la même chose ; semblablement le vieillard ne négligea pas d'intercéder pour lui auprès de Dieu et il dit : « Seigneur, révèle-moi la façon de vivre de ce frère, et d'où vient cette pulsion ; car je t'ai supplié et il n'a pas encore trouvé le

repos. » Dieu lui révéla ce qu'il en était et il vit qu'il était assis avec les pensées sexuelles auprès de lui et qu'il bavardait avec elles. Et se tenait là un ange envoyé pour le secourir, qui s'irritait contre le frère de ce qu'il prenait plaisir à converser avec les pensées. Le vieillard sut alors que la cause venait du frère ; et lorsqu'il vint, il le lui annonça : « C'est toi qui es la cause, car tu consens à tes pensées. » Il lui enseigna comment résister aux pensées ; et le frère, retrouvant son bon sens grâce à l'enseignement et à la prière du vieillard, trouva le repos.

Ça sert à ça la vigilance intérieure !

Se redire la finalité de l'activité

Les Pères du désert aimaient à redonner leur juste place aux choses, en particulier pour l'alimentation et le travail. La première est strictement adaptée au second. Le travail a plusieurs fonctions : assurer sa subsistance sans vivre aux dépens des autres, prévenir l'acédie et aider les pauvres.

En effet les Pères ne travaillaient pas seulement pour leurs propres besoins mais leur travail leur procurait de quoi subvenir aux étrangers, aux pauvres et aux prisonniers. Et les Pères disaient ceci : « Celui qui travaille lutte souvent contre un démon et est tourmenté par lui, mais celui qui est sans travail est asservi à des milliers de démons. » Plus sévèrement, ils disaient : « Que celui qui ne travaille pas, qu'il ne mange pas » !

Un souci particulier est porté à ce que les tâches ne soient ni trop chronophages ni trop mentalement pénibles. Un équilibre est à rechercher entre la paresse et le productivisme.

L'alimentation est ajustée à deux objectifs : se nourrir en rapport avec ses besoins et se soigner. Ni plus, ni moins. On aura compris que pour nos Anciens, tout est affaire de mesure ! Comme le prescrit Évagre :

Il faut que le moine se tienne toujours prêt comme s'il devait mourir le lendemain, et inversement, qu'il use de son corps comme s'il devait vivre avec lui de longues années.

Ces actions et ces attitudes sont des moyens utiles et efficaces pour apprendre à ne pas se laisser envahir par nos avidités. Pourtant, pour certains d'entre nous, l'addiction peut s'installer. Dans ce cas, il est indispensable de se faire aider par des professionnels. Et cela nécessite un vrai courage de se reconnaître addict. Le meilleur des indicateurs est de prendre au sérieux ce que notre entourage nous renvoie. Le chemin passera par la reconstruction de nouvelles habitudes ; par une vie à réinventer sur le plan relationnel et social, en se remettant à une activité physique, en retrouvant le plaisir des promenades, de la peinture, de la musique, de la lecture. Le plus souvent, il faudra identifier à quel déséquilibre intérieur cette addiction vient répondre, qu'est-ce qu'elle cherche à compenser, à quel désir profond cela tente-t-il de faire écho, à quelle blessure elle vient s'adresser. Ce sera l'occasion de relire sa vie pour y découvrir ses moments de croissance et aussi sa blessure.

Dans tous les cas, si j'ai perdu ma liberté par rapport à une activité, je n'ai pas perdu celle d'avoir le courage de vouloir m'en sortir et de me faire aider pour cela.

CE QUE JE RETIENS DE L'EXPÉRIENCE DES THÉRAPEUTES DU DÉSERT

Mes envies, mes désirs font partie de ma personne. Mieux que ça, de ma vitalité. Mais parfois, le « système » s'emballe, et j'en deviens esclave. Pour m'en préserver, la lucidité courageuse, la vigilance intérieure, l'écoute de mes proches, des mesures préventives et des pratiques de service et de méditation me seront très utiles.

Recommandation

L'individu connecté est devenu un être dépourvu de tranquillité d'esprit et de paix intérieure. Smartphones et ordinateurs nous déversent un flot ininterrompu de notifications, de messages, d'emails, d'informations futiles, telles que le nombre de likes ou la dernière réponse au commentaire d'un commentaire ou les (non-)événements locaux à ne pas manquer. C'est ce qu'on appelle l'infobésité. L'addiction à l'excitation numérique permanente est à l'origine d'attitudes antisociales (80 % des Français utilisent leur smartphone pendant les repas pris en famille ou en compagnie d'amis) et de comportements dangereux pour soi, comme pour autrui (près de deux Français sur trois reconnaissent qu'il leur arrive de consulter leur smartphone au volant ou au moment de traverser la rue). Résistons à la compulsion numérique et remettons les écrans à la place et au créneau de temps qui sont les leurs.

EXERCICE
Une avidité dit quelque chose de mon désir. Et si je prenais un peu le temps de l'interroger ? Derrière cette sensibilité aux écrans, au travail, aux jeux, au grignotage, aux achats, qu'est-ce que je cherche, quelle est ma vraie insatisfaction : le plaisir, la reconnaissance, la transgression, la compensation, l'ennui, un conflit conjugal, la solitude, la rivalité… ? Soyez honnête avec vous-même, donc ne vous accablez pas. Et profitez aussi de cet exercice pour reconnaître toutes les satisfactions qui sont les vôtres, là maintenant, où vous êtes. Comme Marc le Moine nous le prescrit : « Garde devant les yeux les bienfaits reçus depuis ta naissance jusqu'à maintenant, soit corporels soit spirituels, médite sur eux, repasse-les. » C'est le moment !

Apophtegme à méditer

Un vieillard dit : « Le silence, l'absence d'inquiétude, et la méditation secrète engendrent la pureté ».

7

Dans l'acédie, tu veilleras à ne pas tomber

Ou comment ne pas se laisser ternir par la face sombre de notre société

Notre avidité nécessite donc une attention particulière, pour qu'elle ne se transforme pas en tendances addictives ou en renfermement sur soi. Mais il est une autre maladie spirituelle décrite par les Pères du désert qui prend un relief particulier aujourd'hui : l'acédie, cette espèce d'indolence de la vie intérieure qui désoriente toute notre vie. À un moment donné, ça nous concerne tous, au moins en partie.

Vous verrez, c'est utile !

Mon âme s'est endormie à cause de l'acédie [Ps 118, 28].

« On n'a jamais trop su ce que j'avais. Mais quand j'ai lu Houellebecq, je me suis dit que je n'étais pas le seul comme ça », me disait un homme venu me consulter. « Comme ça », c'est probablement le caractère *acédiaque* puisque ce qui caractérise les personnages de ce romancier célèbre, c'est qu'ils manifestent de nombreux symptômes de l'acédie.

UNE SOCIÉTÉ TRAVERSÉE PAR L'ACÉDIE

De nombreuses manifestations d'une neurasthénie de masse sont observables aujourd'hui, de façon systémique et individuelle : lassitude, mélancolie, surmenage, hyperactivité, activisme, instabilité, ennui, déprime, fascination pour le bien-être.

Mais aussi pulsion de changer de vie, de maison, de travail, de partenaires, perte du goût de ses amis, impossibilité de finir un livre, procrastination, vagabondage incessant des idées, etc. Cette neurasthénie pousse à sans cesse changer de lieu, sous peine de perdre son temps et sa peine. Elle convainc que rien n'a de sens, ne vaut le coup, que sa vie n'a pas d'utilité ni de fécondité. On ignore le mal, on s'occupe pour s'occuper, on ne tient pas en place et en même temps on n'avance pas. On bouge pour tromper l'ennui et pour se tromper soi-même. On haït le présent et on désire ce qui ne l'est pas. Avoir l'impression de ne jamais être à sa place, de ne pas arriver à la trouver, se demandant même s'il en existe une pour soi. Être plongé dans un quotidien dont on ne voit pas l'intérêt. Éprouver des douleurs morales, mais sans trop savoir pourquoi, sinon en ressassant les mêmes pensées coupables ou accusatrices. Fuir dans l'hyperactivité, la futilité, les écrans, les plaisirs artificiels, la dépression ou la violence.

Revenus de tout, riant de tout, ne croyant plus en aucun absolu, pour tuer le temps on voyage, on consomme, on se distrait, on papillonne, on zappe, on se gave de considérations futiles et superficielles, on s'étourdit de sons et d'images ; certains de ceux qui en ont, s'investissent exagérément dans leur travail. Mais tout ça remplit difficilement une vie. Beaucoup le ressentent. Certains en souffrent. Cette neurasthénie a un nom : l'acédie. Elle est une maladie de la démesure, par minimalisme ou maximalisme. Elle est en profondeur une atonie de la vie intérieure.

UNE MALADIE SPIRITUELLE BIEN CONNUE DES PÈRES DU DÉSERT

L'acédie a été très largement documentée par les Pères du désert qui, pour certains, ont eu à en souffrir. Évagre en donne une description précise, dans son écosystème monastique :

L'acédie est la pensée la plus pesante de toutes. [...]. D'abord elle fait que le soleil paraît lent à se mouvoir ou immobile et que le jour semble avoir cinquante heures. Ensuite elle le force à avoir les yeux continuellement tournés vers les fenêtres, à bondir hors de sa cellule [...]. En outre elle lui inspire de l'aversion pour le lieu où il est, pour son état de vie même, pour le travail manuel et, de plus, l'idée que la charité a disparu chez les frères, qu'il n'y a personne pour le consoler. Et s'il se trouve quelqu'un qui, dans ces jours-là, ait contristé le moine, la pensée se sert de ça aussi pour accroître son aversion. Elle l'amène alors à désirer d'autres lieux où il pourra trouver facilement ce dont il a besoin, et exercer un métier moins pénible et qui rapporte davantage ; elle ajoute que plaire au Seigneur n'est pas une affaire de lieu [...]. Il joint à cela le souvenir de ses proches et de son existence d'autrefois, il lui représente combien est longue la durée de la vie, mettant devant ses yeux la fatigue de l'ascèse ; et comme on dit, elle dresse toutes ses batteries pour que le moine abandonne sa cellule et fuie le stade.

Un autre texte dit les mêmes choses de l'acédie mais en plus amusant :

> Le regard de celui qui est en proie à l'acédie se porte fréquemment aux fenêtres. Son esprit rêve de visiteurs. La porte grince et il sursaute. Il a entendu une voix et il regarde par la fenêtre. Il ne s'en détourne pas jusqu'à ce que, pris de torpeur, il s'assied. L'acédiaque baille souvent quand il lit. Il est facilement porté au sommeil, il se frotte les yeux, il étire les bras, il détourne le regard de son livre. Feuilletant les pages, il perd son temps à considérer la fin du texte. Il compte les feuillets, suppute le nombre de cahiers, se plaint de l'écriture et de l'ornementation. Enfin, refermant le livre, il pose sa tête dessus et s'y endort, mais d'un sommeil pas très profond, car finalement la faim réveille à nouveau son âme et lui impose ses préoccupations.

Bien sûr, cette description est conditionnée par un environnement de vie bien déterminé : celle de moines, vivant en Égypte. Mais la tradition ultérieure a compris que l'acédie menaçait également tout état de vie. Thomas d'Aquin (XIIIe siècle), Dante (XIVe), Moravia (XXe) et Houellebecq (XXIe), ont décrit dans certaines de leurs œuvres des personnages acédiaques.

Complexe, l'acédie l'est car elle touche le corps et le psychisme, mais aussi car elle se manifeste par des comportements contradictoires : paresse et somnolence d'un côté et activité fébrile et excès de zèle de l'autre. Elle rassemble de l'ennui, de l'aversion, du dégoût, de la langueur. Elle apporte une insatisfaction profonde et vague. L'acédiaque est volontiers instable. Il ne voit plus le sens de sa vie, devient irritable, colérique. Il doute de l'amour pour les autres (à quoi bon aimer ?) et de la part des autres (personne ne m'aime). Toute aide est mal interprétée. L'acédiaque use tout le monde. L'anxiété prend de plus en plus de place, obnubilé qu'il est par la recherche de sécurité et le sentiment que tout est insurmontable. L'acédiaque attribue facilement à l'extérieur les causes de son mal-être, justifiant ainsi ses renoncements. L'acédie rend pusillanime, lâche, oisif. Tout parait une montagne. Indécision, impression d'ennui, chaque seconde dure une éternité. La vie semble médiocre, stérile, insipide. Sentiment d'impasse dans sa vie.

Les Anciens soulignent quelques caractéristiques :

- l'instabilité : « À qui aime le plaisir, une femme ne suffit pas. Au moine en proie à l'acédie, une seule cellule ne suffit pas » ;
- un rapport aversif ou excessif au travail : « La pensée de l'acédie qui déteste le travail manuel du métier qu'il fait et désire apprendre un autre métier qui le nourrira le mieux et ne lui procurera pas tant de peine » ;
- un souci excessif du corps : « La pensée de l'acédie qui nous dépeint une vieillesse longue, la pauvreté amère et inconsolée et des maladies qui peuvent tuer le corps » ;

- une attitude accusatoire : « La pensée de l'acédie qui incite à une calomnie contre le supérieur du couvent sous prétexte que celui-ci ne soutient pas assez les frères et qu'il est dur avec eux » ;
- une recherche permanente de distractions : « Certains d'entre vous vivent dans l'oisiveté, sans rien faire et toujours affairés ».

« L'esprit est troublé sans raison », dit Jean Cassien. Plus exactement, sans raison manifeste mais avec une cause profonde qui est la négligence de sa vie intérieure, son engourdissement. Elle est une maladie spirituelle à part car elle atteint un niveau profond de la personne humaine.

UNE MÉDICATION FAITE D'ABORD DE PERSÉVÉRANCE ET DE STABILITÉ

L'acédie concerne le rapport de l'Homme avec lui-même, c'est pourquoi aller mieux ne passera pas par des solutions apportées extérieurement par d'autres mais par un chemin intérieur personnel.

Être persévérant

La victoire sur l'acédie nécessite du temps car le chemin peut être long. L'un des principaux remèdes est la persévérance. « L'acédie est résolue par la patience », nous assure Évagre. Il s'agit de durer. Et, associée à la persévérance, la stabilité. Un apophtegme nous l'enseigne :

> Un frère de Scété en prise avec l'acédie demanda un conseil à Abba Moïse et le vieil homme lui répondit : « Va, reste assis dans ta cellule et ta cellule t'enseignera toutes choses ».

Cela signifie qu'en saison d'acédie, je ne prends aucune décision de changement important, comme par exemple de travail, de maison ou de conjoint. Mon discernement serait alors mal orienté et il y a de fortes chances que je fasse un choix qui ne soit pas optimal pour moi. Je remets tout arbitrage à quand j'irai mieux.

Vivre chaque jour, comme s'il était le dernier

Les Thérapeutes du désert appelaient cette médication la « mémoire de la mort ». Rien de morbide. Juste se rappeler que je suis mortel et que ma mort peut survenir à chaque instant. Il ne s'agit pas tant de me préparer au grand saut, que de m'aider à mieux vivre l'instant présent. Autrement dit, que je vive les choses avec le plus d'intensité intérieure possible et que je ne gaspille pas mon temps de vie avec des futilités et des distractions dont je sens intérieurement qu'elles n'ont aucun intérêt. Ainsi, un apophtegme rapporte :

> On demanda à un Ancien : « Pourquoi n'es-tu jamais découragé ? » Et il répondit :

« Parce que chaque jour, je m'attends à mourir ».

Mener régulièrement une activité concrète

Les Pères du désert recommandent d'avoir un travail, une activité concrète : bricolage, ménage, jardinage, couture, activité sportive, quelque chose de réel (et pas de virtuel) qui a un début et une fin. Il s'agit de limiter l'ennui, la tendance à l'oisiveté, le temps de « cerveau disponible » au petit vélo mental. Cette activité m'aidera à tenir mon attention, à me rendre présent au réel.

Prendre de la distance avec ce qui tire vers le bas

Les futilités, les distractions, les rumeurs, les mauvaises nouvelles, les conversations qui « plombent » sont à éviter.

« Demeurez dans vos cellules et ne vous laissez pas inquiéter par les rumeurs », conseille Jean Cassien. Cela implique de ne pas s'abreuver d'actualités morbides, de réseaux sociaux violents, d'émissions débilitantes mais de faire le choix de privilégier ce qui va élever mon âme vers des réalités et des rencontres plus belles, plus pacifiantes, plus porteuses d'espérance. Si, si, ça existe…

Les Pères du désert croyaient en un Dieu qui donne la Vie, ils considéraient toutes ces médications comme indispensables et très utiles mais elles ne pouvaient apporter qu'une guérison partielle. Pour eux, seule la grâce de Dieu obtenue par la prière pouvait achever complètement le traitement.

Se faire accompagner

Si le combat contre l'acédie est personnel, à un certain moment, un regard extérieur s'avère nécessaire.

Alors que je me trouvais depuis peu de temps dans le désert, je fus en proie à l'acédie. J'allais trouver Abba Moïse, le plus expérimenté d'entre les Pères, et lui dis que la veille j'avais été tourmenté par l'acédie et que, à bout de forces, je n'avais pu me délivrer qu'en me rendant chez Abba Paul. À cela, Abba moïse me répondit : « À la vérité, tu n'en es pas délivré, mais tu t'y es plutôt assujetti davantage encore. Sache donc qu'elle t'attaquera plus fortement comme déserteur, à moins que tu ne t'appliques à la vaincre par la persévérance, la méditation et le travail ».

CE QUE JE RETIENS DE L'EXPÉRIENCE DES THÉRAPEUTES DU DÉSERT

Ma vie intérieure peut être touchée dans sa vitalité, être comme indolente. Les manifestations de cet état peuvent être variées, mais toujours dans l'excès, minimal ou maximal. Retrouver des racines, approfondir mes ancrages, durer, m'investir dans des choses concrètes me seront d'une grande aide.

Recommandation

Quelqu'un dit à Abba Arsène : « Mes pensées me tourmentent en me disant : tu ne peux ni jeûner, ni travailler. Va visiter au moins les frères malades, car cela est charité. » Mais le vieillard voyant les suggestions du démon lui dit : « Va, mange, bois, dors, mais ne quitte pas ta cellule. » Il savait en effet que la persévérance dans la cellule conduit le moine à la perfection dans sa cellule.

La stabilité et la persévérance sont à entendre comme le nécessaire enracinement dans un espace et dans un temps ; en l'occurrence celui de la cellule. Et pour un moine, la cellule représente son cœur, son intériorité. Le combat à mener est donc celui de la présence à soi et au réel qui m'entoure. Au fond, il s'agit de se tenir, de demeurer. Aujourd'hui, l'hyperactivité, le stress, la tristesse, l'instabilité, l'ennui s'expliquent par des motifs psychologiques ou sociaux et bénéficient de traitements médicaux.

Pourtant, ces réalités intérieures ne peuvent y être réduites. Elles participent aussi d'un combat spirituel qui se joue mystérieusement au plus intime de l'être humain.

EXERCICE

L'acédie, cette atonie de notre vitalité intérieure, est probablement, avec les addictions, la « maladie spirituelle du siècle ». Rappelons-nous ce qu'en disaient les Anciens et ses cinq manifestations principales :

- une instabilité intérieure (besoin de bouger, de changer sans cesse) ;
- un souci exagéré de sa santé et du corps ;
- une aversion pour le travail ou au contraire un activisme forcené ;
- une négligence dans les engagements (tout semble « de trop » et on fait le strict minimum ou au contraire on a perdu le sens de la mesure et on en fait trop) ;
- un découragement général avec la remise en cause de ce qui est essentiel.

Il ne s'agit pas de vouloir à tout prix se reconnaître atteint de tous ces symptômes (par peur, masochisme ou culpabilité) mais de s'interroger tranquillement sur tel ou tel qui, peut-être (ou peut-être pas), rejoint ce que je vis en ce moment. Et puis, faire apparaître ceux que sont dans ma vie mes points de stabilité, les lieux ou personnes qui me tirent vers le haut, les activités qui me font du bien et me rendent plus présent au concret du monde. Pour les choisir à nouveau…

Apophtegmes à méditer

On demanda un jour à une servante de quelle façon elle pouvait tenir ferme sans rencontrer personne et en luttant de surcroît contre l'acédie. Elle répondit : « Depuis le point du jour jusqu'à la neuvième heure, je prie heure par heure tout en filant le lin. Durant les heures qui restent, en esprit, je me mets en présence des saints patriarches, prophètes, apôtres et martyrs. Je mange alors mon pain et, pendant les autres heures, je persévère dans une attente patiente, prête à accueillir la fin de ma vie, animée d'une heureuse espérance ».

Il y a dans cet apophtegme à peu près toutes les médications contre l'atonie de la vie intérieure : la persévérance, le travail, la méditation, la mémoire de la mort.

> L'acédie est guérie par la stabilité, en faisant tout avec grand soin et persévérance. Assigne-toi une mesure en tout travail et ne l'abandonne pas que tu ne l'aies mené à son terme. Et puis prie sans cesse, avec peu de mots et l'esprit d'acédie s'enfuira loin de toi.

> On disait d'Abba Paul que, pour montrer que sans activité concrète, il ne pouvait rester stable ni s'élever intérieurement, il travaillait, bien qu'il n'en ait pas besoin pour se nourrir, mais seulement pour empêcher la divagation des pensées, persévérer dans sa cellule et remporter une victoire complète sur l'acédie.

8

Humain, tu commenceras à devenir

Ou comment être pleinement humain, c'est toujours possible, mais jamais gagné

Vivre plus sobrement, être moins autocentré, prendre le temps de retrouver des ancrages par la méditation et veiller intérieurement à ne pas se laisser embarquer sur des pentes qui nous seraient défavorables, autant de fondamentaux qui sont de nature à nous conduire vers davantage d'équilibre.

Pour les Pères du désert, c'est un travail à poursuivre toute sa vie. Il permet d'éprouver davantage de paix intérieure. Ce qui est déjà bien agréable. Mais pour eux, il y a un second objectif : entrer dans la dimension spirituelle de nos vies.

Ouhlala ???!!!

On demanda à un Ancien : « Comment se fait-il que je me décourage sans cesse ? »

Il répondit : « Parce que tu n'as pas encore vu le but ».

« Une chose est sûre, c'est que ce qui caractérise la vie intérieure, c'est la difficulté à en parler », affirma, péremptoire, une participante à une session de méditation. En effet, c'est bien pour ça que depuis toujours et dans toutes les traditions, l'humanité l'a approchée par quatre focales : 1. l'expérience personnelle de l'émerveillement devant le beau, le bon, le vrai, l'amour ; 2. les symboles ; 3. les métaphores, et 4. les témoignages de philosophes, mages, poètes, prêtres mais aussi et surtout des gens ordinaires, des personnes de la rue, des personnes handicapées, etc. Leurs témoignages convergent pour exprimer la découverte d'une identité profonde, d'un avant et d'un après, d'une ouverture sur un nouveau monde, intérieur, d'un abordage sur de nouvelles terres, immatérielles et hospitalières, d'une expérience qu'ils ont envie de partager.

POUR LES PÈRES DU DÉSERT, LE CHEMIN D'UNE VIE C'EST PASSER D'ÊTRE UN HUMAIN À ÊTRE HUMAIN

Le christianisme primitif a su trouver les mots pour nous faire mieux connaître notre intériorité, plus précisément notre anatomie et notre fonctionnement intérieurs. Soyons attentifs, ils disent deux choses : l'humain est fait de trois composantes corps – psychisme – esprit et il est un être inachevé, en devenir.

Un humain en 3D

Leur vision de l'homme a été transmise par les apôtres aux premiers chrétiens. Il en est ainsi d'Ignace d'Antioche (Ier siècle) par exemple qui connut saint Pierre, ou de Polycarpe, disciple de saint Jean. Justin, proche de Polycarpe, exprime avec précision : « Le corps est le lieu de l'âme[1], comme l'âme elle-même est le lieu de l'esprit. » Puis dans les générations suivantes, Clément d'Alexandrie (IIe siècle) ou Grégoire de Nysse (IVe siècle) posaient l'Homme comme l'unité substantielle de ces trois composantes. Plus tard, Irénée l'affirmera : « Trois choses constituent l'homme parfait, le corps, l'âme et l'esprit. » Maxime le Confesseur (VIIe siècle) métaphorise la structure d'une église comme celle d'un Homme : « Pour âme, elle a le sanctuaire, pour esprit l'autel divin, pour corps la nef. »

Comment ces trois composantes s'articulent-elles entre elles ? Une métaphore nous aidera peut-être : celle du sandwich (pas très spirituel soit, mais incarné !). Imaginez devant vous un sandwich composé de deux tranches de pain de mie, au milieu desquelles se trouve un morceau de jambon. La première tranche représente le corps, le jambon est le psychisme et la seconde tranche de pain de mie figure l'esprit.

1. L'âme est ici à comprendre comme le psychisme.

- Le corps (la portion de pain), d'un côté, est tourné vers l'extérieur et donne accès au monde matériel, qui est exploré par les cinq sens. D'un autre, il est ouvert vers l'intérieur, le psychisme (le jambon). Sa réalité est celle des *objets*, des réalités sensibles. Sa fonction est d'informer le psychisme du monde extérieur.
- Le psychisme (le jambon) est tourné d'un côté vers le corps (première tranche de pain de mie) et de l'autre vers l'esprit (seconde tranche de pain). Vous me suivez ? Sa réalité est celle des *sujets*, des personnes. Il permet de comprendre avec la raison et de ressentir des émotions, de l'empathie (ou pas !). Ses fonctions sont de chercher, aimer et lutter. En effet, le psychisme dispose de trois facultés : l'*intelligence* rationnelle qui nous aide à comprendre et à trouver du sens, le *désir* qui peut nous tourner vers l'amour et le service de la vie et

la *force* à laquelle nous faisons appel pour tenir dans les moments difficiles (c'est elle notre « force intérieure »).

– L'esprit (la seconde tranche de pain de mie) est tourné d'un côté vers le psychisme (le jambon) et d'un autre vers une dimension d'une ampleur infinie par rapport à ce pauvre sandwich. Créé et immatériel, l'esprit ouvre au monde des *êtres spiritualisés*, du monde incréé, de la non-dualité, de l'Être, de la Source, de la Vie, du Tout-Autre, de Dieu (selon ce que nous confessons). Ses fonctions sont d'abord de sentir les réalités intérieures, ensuite d'orienter une partie du psychisme et enfin d'être en contact avec une source. En effet, il dispose de trois facultés : l'*intelligence intuitive* qui consiste dans les sens intérieurs, la *volonté libre* par laquelle l'Homme peut choisir l'usage qu'il fera de son intelligence rationnelle, de son désir ou de sa force intérieure et la *capacité à s'exposer à cet infini* dont il reçoit la vie pour la donner au psychisme.

Trois points capitaux dans l'enseignement des Pères du désert viennent compléter cette anatomie intérieure :

- dans l'univers de l'intériorité, une loi s'applique : « Seul le semblable voit le semblable. »

L'œil du corps et les facultés du psychisme ne nous seront pas d'un grand secours pour explorer la vie spirituelle. Cela signifie que seul l'esprit peut identifier l'esprit chez soi-même ou un autre (et réciproquement). Avec ma main, je peux sentir un corps, mais elle ne m'apportera rien pour connaître l'état d'âme de mon voisin. Mon psychisme me permet de connaître certaines émotions d'autrui mais ne me donne aucune information sur la position allongée ou debout de mon corps. De la même façon le psychisme ne me donne pas accès aux réalités surnaturelles, pour lesquelles l'esprit est requis. En résumé, le corps accède à la composante « corps », le psychisme à la composante « psychique » et l'esprit à la dimension « spirituelle ». Autrement dit, si je compte sur mon corps et mon psychisme pour percevoir la réalité spirituelle, je risque d'attendre longtemps. Avec ces sens, l'Homme ne peut percevoir que les signes ou les conséquences des actions de la vie spirituelle et non l'esprit en lui-même.

- le psychique tient lieu d'intermédiaire entre le corps et spirituel.

Le psychique est ambivalent, il est comme un sas entre le corps et l'esprit (une tranche de jambon entre deux tranches de pain de mie). Cette situation lui vaut d'être soumis à quatre influences. Celles du monde environnant : événements, informations, culture ambiante ; celles du corps : attirances ou répulsions, informations sensorielles ; celles du psychisme lui-même : la mémoire ou l'imagination ; enfin celles de l'esprit : la volonté libre et l'intelligence intuitive.

- l'esprit est essentiel mais il n'est pas tout-puissant.

Il n'a pas d'action directe sur le corps et son influence sur le psychisme est partielle. En effet, ce dernier n'est sensible à la volonté libre que pour une partie de lui-même. C'est ce qui fait que dans un certain nombre de situations, « je fais le mal que je ne veux pas faire et que je ne fais pas le bien que j'aimerais faire ». En bref, beaucoup de choses échappent à ma volonté profonde. Elles correspondent à ce qui en moi est déterminé, sous la dépendance des conditionnements psychologiques et biologiques.

L'option de naître à mon intériorité

Pour les Pères du désert, l'humain est appelé à une transformation. Irénée (IIe siècle) l'explique :

> Si l'esprit fait défaut à l'âme, un tel homme restant en toute vérité psychique et corporel, restera inachevé.

Il poursuit :

> La chair modelée à elle seule n'est pas l'homme achevé. Elle n'est que le corps de l'homme, donc une dimension de l'homme. L'âme à elle seule n'est pas davantage l'homme. Elle n'est que l'âme de l'homme, donc une dimension de l'homme. L'esprit non plus n'est pas l'homme : on lui donne le nom d'esprit, non celui d'homme. C'est l'union dans la communion de ces trois réalités qui constitue l'homme achevé.

La proposition est simple : l'Homme est par nature composé d'un corps et d'un psychisme, par le fait de sa naissance biologique. Mais la destinée humaine ne se limite pas à sa nature. Il est invité à naître une seconde fois et à participer au monde de l'esprit, qui est en réalité le monde de l'Être, de la source de la Vie. Il s'agit non pas de devenir un autre, mais *tout autre* ;

en fait de devenir soi-même (deviens qui tu es !). Ce devenir n'a rien d'automatique. Il appelle le désir et le consentement de l'Homme. Sans quoi, l'Homme mourra.

Pour être un humain, il suffit de naître, biologiquement parlant, de deux géniteurs eux-mêmes humains. Nous sommes tous passés par là, chaque année à la même date nous en célébrons notre anniversaire. En revanche, être humain n'est pas donné à la naissance. Il s'agit de le devenir. On ne naît pas humain, on le devient… ou pas d'ailleurs. On dira de l'un qu'il est « vraiment humain », d'un autre « qu'il est inhumain ». On ne dira pas d'un chien qu'il est canin ou in-canin. Certains deviennent adultes, d'autres restent toute leur vie adolescent ou enfant… Les Pères du désert attirent notre attention sur une dynamique de la vie humaine qui est celle de son accomplissement après une seconde naissance.

L'Homme peut être strictement mû par ses hormones, ses instincts et les schémas mentaux qui lui ont été transmis par son environnement. Il peut passer ses journées à enchaîner des gestes et des paroles, des actes et des discussions qui ne l'engagent pas, qu'il ne comprend pas, qui ne le transforment pas. Alors il gérera ses ambitions, ses conflits, ses amours, ses besoins, ses relations aux autres, comme le font les animaux supérieurs et prochainement les robots. Fonctionnant ainsi, je suis en mode « homme psychique ». Faire l'expérience qu'il y a une autre façon d'être moi, intérieure, spirituelle, me permettant d'être guidé pas seulement par des déterminismes extérieurs naturels ou culturels, d'être moins soumis au moi-robot, c'est l'activité la plus spécifiquement humaine. Elle nous fait passer de l'« homme psychique » corps-psychisme à l'« homme spirituel » corps-psychisme-esprit.

Cette seconde naissance, non plus biologique mais spirituelle, est comme le processus d'une métamorphose animale. Pourtant, ces deux transformations – naturelle et spirituelle – diffèrent comme l'indique le tableau suivant :

Naissance	**Première** (naturelle)	**Seconde** (spirituelle)
Programmée par les gènes	Oui	Non – nécessite ma volonté
Définitive	Oui	Non – retour en arrière (puis en avant) possible (probable)
Inscrite dans le temps	Oui	Non – peut se produire jusqu'à mon dernier souffle

CE QUE JE RETIENS DE L'EXPÉRIENCE DES THÉRAPEUTES DU DÉSERT

Par ma naissance biologique, je vis en deux dimensions, corps-psychisme. Mon fonctionnement est celui, en plus évolué, des animaux. Je peux aussi accéder à une vie pleinement humaine, en entrant dans la dimension spirituelle de ma personne. Cet engendrement est continuel et progressif. Il constitue le travail de toute la vie humaine. Il passe par la rencontre avec des personnes qui elles aussi sont advenues à leur intériorité profonde.

Recommandation

Les déterminismes extérieurs à l'homme, naturels et culturels, sont de mieux en mieux identifiés et documentés. Que l'homme dépende de son hérédité, de sa biologie, du climat mais aussi de son environnement et de son époque est une évidence. Mais il existe un troisième déterminisme, finalement beaucoup plus puissant parce que méconnu, qui est le déterminisme intérieur dans lequel l'Homme s'enferme lui-même. Il consiste à demeurer dans son moi-robot ou animal et à ne pas accéder à son humanité profonde. Pour devenir humain, il doit naître une seconde fois, à lui-même. À quoi s'agit-il de naître ? À soi-même. « Deviens qui tu es », comme nous y invite saint Augustin. Oui, devenez qui vous êtes, en profondeur, pas en superficialité. Pour cela, veillez à fréquenter des hommes et des femmes qui sont en chemin vers cet engendrement.

EXERCICE
Souvent, il m'arrive de faire, de vivre des choses, puis de passer à autre chose. Restant ainsi en mode automatique, je risque de passer à côté de la saveur de ma vie, et de la gâcher. Prenez un temps, pourquoi pas maintenant d'ailleurs, pour faire mémoire d'une expérience personnelle que vous qualifieriez de « spirituelle » : un émerveillement, une sensation intérieure, un amour, un témoignage qui vous a

touché en profondeur. Identifiez-la du mieux que vous pouvez. Surtout, ne réfléchissez pas avec votre raisonnement et votre jugement (« c'est spirituel ou pas ? ») ; sentez-la ! C'était quand, avec qui, dans quel lieu ? Laissez vos yeux se fermer si cela vous aide, et petit à petit, mobilisez vos sens intérieurs pour goûter, savourer, sentir ce que vous avez vécu intérieurement ; puis remerciez...

L'apophtegme à méditer

Le psychisme n'a pas la vie et n'est pas la vie. Il est vivant car il la reçoit, de l'esprit. Les mots de Tatien seront plus compréhensibles que les miens : « Le psychisme est mortel, mais il est capable aussi de ne pas mourir », sous-entendu, s'il s'ouvre à la vie de l'esprit.

Sans cette vie intérieure, nous sommes comme amputés, rétractés, rapetissés, comme des robots, parfois même comme des morts-vivants. Si cette expression est très contemporaine, les Thérapeutes du Désert l'utilisaient déjà pour décrire les conséquences d'une absence de vie intérieure chez ceux qui croient vivre mais sans réellement vivre :

> … ces hommes frappés par la mort qui vivent, voire qui marchent, ces aveugles qui croient voir et ces véritables sourds qui s'imaginent entendre : c'est qu'ils vivent, qu'ils voient et qu'ils entendent à la façon des bêtes ; ils pensent comme des insensés dans leur conscience inconsciente, dans leur vie de cadavres, car il est possible de voir sans voir, d'entendre sans entendre et de vivre sans vivre.

François Cheng n'est pas un Père du désert, mais à le lire, on pourrait le penser :

> Si on la découvre tard, c'est qu'elle est la part la plus cachée, la plus secrète de notre être, qu'elle participe du principe de vie même, ce principe invisible, à l'image de l'air, élément dont on use à chaque seconde et auquel on ne pense jamais. Principe de vie ? Qu'est-ce à dire ? La vie n'est-elle pas

ce corps vivant qui fonctionne tout naturellement, tout seul, sans que rien d'autre n'ait à intervenir ? Cela semble évident. À y regarder de plus près toutefois, force nous est de constater que ce corps vivant est constamment animé, c'est-à-dire qu'en lui quelque chose est animé, et que dans le même temps quelque chose anime.

9

Vers ton intériorité, tu te tourneras

Ou comment l'intériorité est une affaire de sens et de saveur

Désensabler sa vie intérieure, être moins dispersé ou distrait, ça permet de faire un peu plus de place à ce qu'il y a de spirituel en soi. Vous ne savez pas bien mettre des mots dessus ? Moi non plus, c'est bien pour ça que je m'intéresse aux Pères du désert. Et plus que des mots, ils nous disent que le spirituel, c'est de l'ordre du sens (de nos vies) et aussi de celui des sens (intérieurs).

Suivez le guide, ce sera plus clair !

L'un des Pères disait : « De même qu'on ne peut pas contempler son visage dans une eau trouble, de même l'âme ne peut-elle, sans s'être apaisée, être dans la contemplation ».

« J'avais peur d'être folle. Folle parce que je ressentais en moi des choses que je ne savais pas expliquer. Je vais mieux maintenant que j'ai découvert que j'ai une vie spirituelle. » C'est ainsi qu'une femme active d'une cinquantaine d'années, évoluant dans le milieu professionnel de l'économie numérique, a relu le travail réalisé depuis sa première consultation, motivée par un sentiment de « mal-être ».

Dans le chemin pour être en meilleure santé intérieure, il est une étape incontournable : me tourner vers mon intériorité, vers ce que cette personne a nommé la « vie spirituelle ».

LA VIE SPIRITUELLE EST UNE AFFAIRE DE NATURE HUMAINE

L'intériorité est une réalité humaine, qu'on soit croyant ou pas. Ainsi, elle n'est pas synonyme de religieux. D'abord, je peux être religieux sans véritablement avoir de vie intérieure : je répète machinalement des rites ou des formules, sans autre but que de les appliquer. Ensuite, je peux prendre au sérieux mon intériorité sans être religieux : je vis de ma composante spirituelle, mais sans me référer à une religion particulière. Etty Hillesum, par exemple, jeune femme juive qui finira sa vie à Auschwitz en 1943, écrivait : « Je dois continuer à être à l'écoute de moi-même, à écouter au-dedans de moi. » Cette spiritualité sans religion, sans dogme, sans croyance ni acte de foi, que l'on peut qualifier de spiritualité séculière ou laïque, se développe beaucoup aujourd'hui. Enfin, je peux avoir une vie intérieure et être religieux, nourrissant ainsi ma part spirituelle par une tradition religieuse solide ; Mère Teresa ou le pape François en sont de beaux visages.

Avec mes mots, je dirais que l'intériorité est de l'ordre d'une ouverture vers un au-delà de moi, qui me fait goûter à la vie autrement et contribue à nourrir ma quête de sens.

En vrai, il n'est pas si simple de se tourner vers son intériorité. Certaines influences d'une part et des représentations de l'Homme d'autre part nous en éloignent. Des influences d'abord qui mettent notre intériorité à rude épreuve au point qu'on peut même l'oublier : le strict rationalisme (je peux tout comprendre de la réalité par ma seule intelligence rationnelle), le matérialisme (plus je consomme, plus je suis heureux) et l'activisme (plus je m'agite, moins je m'ennuie). Les représentations ensuite : l'exploration des déterminismes psychologiques et sociaux par les sciences humaines – psychanalyse et sociologie en tête – et les formidables découvertes dans les domaines de la génétique, du cerveau et des sciences cognitives, ont progressivement fait apparaître deux représentations que l'humain a de lui-même : celle de l'homme « corps et psychisme », résultante de ses conditionnements culturels (« je suis comme ça parce que je suis né de ces parents, et dans ce milieu ») et celle de l'humain « organisme comme un autre », ayant un fonctionnement superposable à celui d'un robot. Ce n'est pas de la science-fiction puisque cette vision fonde le transhumanisme, dont la mentalité est déjà répandue dans notre société. Étant moi-même biologiste médical et psychanalyste, je me garderai bien de considérer ces sciences comme fausses, bien au contraire, elles sont passionnantes et éclairantes sur le fonctionnement d'une partie de l'humain. Mais elles demeurent incomplètes car elles ignorent ce qui fait la pleine humanité de l'homme, son intériorité, en tant que lieu de lui-même qui est au-delà de ses déterminismes psychologiques et biologiques.

Considérer l'Homme constitué seulement d'un corps et d'un mental, c'est comme croire que la terre est plate : c'est l'impression qu'on en a au quotidien, mais ça n'est pas la réalité. C'est comme si un homme regardant une photo, considère que ce qu'il y a autour du cadre n'existe pas, parce qu'il ne le voit pas. C'est comme si ce même homme, ne parvenant pas à distinguer de formes quand la nuit est tombée, pense qu'il n'y a pas de réalité nocturne… jusqu'à ce que le jour se lève.

Pouvons-nous reconnaître la part d'animalité de notre humanité, tout en se distinguant des animaux ; identifier nos déterminismes culturels et biologiques, tout en honorant l'autonomie de notre liberté et de notre volonté ; user de notre pensée et de notre intelligence, sans mépriser ni instrumentaliser notre corps ; s'éclairer des lumières de la science, sans réduire notre esprit à ses fonctions mentales observables par imagerie ?

L'INTÉRIORITÉ N'EST PAS IRRATIONNELLE, MAIS SUPRA RATIONNELLE

Comme le dit le philosophe Paul Ricœur : « Mon cerveau ne pense pas ; c'est moi qui pense mais quand je pense, il se passe toujours quelque chose dans mon cerveau. » Les atomes, les ondes et les flux informationnels ne peuvent à eux seuls expliquer *en dernière instance* la passion amoureuse, les nocturnes de Chopin, la poésie de Christian Bobin, les Contes des mille et une nuits, le Mahabharata, le sourire de la Joconde, la bonté gratuite, la soif de vérité, la résilience de Mandela, la résistance de Soljenitsyne, le don qu'a fait de sa vie Maximilien Kolbe dans le camp de concentration d'Auschwitz en 1941 pour sauver celle d'un père de famille, le dévouement de tant de pères et mères de famille pour leurs enfants, ou d'époux pour leur conjoint.

L'intériorité consiste à prêter attention à ce qui se passe en moi quand je vis ce que je vis. Je suis alors plus à même de choisir, de poser des actes, de « gérer » ma vie en fonction de finalités qui ont un sens profond pour moi et qui orientent favorablement mes désirs et mes forces. Reconnaître mon intériorité, c'est au fond emprunter le chemin par lequel je goûte à la saveur de ce que je vis et qui m'aide à y être davantage présent. Il y a en l'Homme une grandeur irréductible, qu'aucun des conditionnements terrestres, social, psychologique, biologique, ne peut définir. C'est cette capacité à être intérieurement présent à ce qu'il vit.

Dès l'aube de l'Histoire, les hommes ont ressenti qu'il y a en l'Homme un au-delà du psychisme. Ils ont éprouvé au fond de leur être une force, une présence ou une faculté, irréductible à l'ordre des choses sensibles et à celui des réalités intelligibles. Différents mots ont été choisis pour nommer cette composante humaine :

Héraclite d'Éphèse au VIe siècle av. J.-C. parlera du *Logos*. Peu après, Anaxagore évoquera le *noos*, terme largement repris par Platon, Aristote ou Plotin. Les penseurs hébraïques utiliseront les mots de *neschama* ou *ruach*. Saint Paul nommera cette composante le *pneuma*, que les Latins traduiront par *intellectus* ou *spiritus*. Les musulmans emploieront *ruh*, *aql* ou *sirr*. Aujourd'hui, en français, on usera du mot « esprit ». Au-delà de la diversité sémantique, cette dimension de l'Homme indique celle de son être profond, de son identité véritable et stable, du lieu de sa vocation ultime et du sens profond de sa vie, de ce fin fond de notre être où se trouvent ces intarissables besoins et désirs d'aimer et d'être aimés, de s'émerveiller et de s'émouvoir, de vivre et se donner, cet élan à être. L'esprit est la part la plus intime, la plus secrète, qui est au-delà du langage et qui nous est la plus vitale. François Cheng en parle comme d'une « entité irréductible et irremplaçable ».

En profondeur, l'Homme est intérieur. Il a des besoins matériels mais pas seulement. Pour lui, au-dessus de la connaissance, de l'action et de la consommation, il y a la vie intérieure. En cela, cette part de lui-même n'est pas irrationnelle, mais supra-rationnelle.

Négliger son intériorité, c'est s'exposer à des risques : le « métro-boulot-dodo », cette impression de « mal-être intérieur », le sentiment de vivre en « mode automatique », la sensation d'étroitesse comme quand j'essaie de faire entrer mon pied dans une chaussure de pointure inférieure. Honorer sa vie intérieure, c'est respirer plus amplement, observer ma relation aux choses changer sans que ces choses ne changent, sentir une partie de moi-même s'ouvrir.

POUR LES PÈRES DU DÉSERT, L'INTÉRIORITÉ CE SONT DES SENS À DÉVELOPPER

Les Pères du désert, grands spécialistes de la vie intérieure, le disent : « Les oiseaux volent, les poissons nagent et les humains méditent. » Ils expriment ainsi combien ce qui caractérise l'Homme, ce qui le distingue des animaux, est du côté de sa capacité à revenir en son centre, signification étymologique de *med-iter*. « L'Homme véritable qui est en nous est l'Homme spirituel », écrit Clément d'Alexandrie, manifestant que l'entièreté de l'Homme englobe son intériorité.

Les Pères nous indiquent une autre réalité : l'intériorité est une affaire de sens. De sens philosophique bien sûr, mais d'abord et surtout de sens sensibles. La sensibilité en question étant intérieure. La vie intérieure n'est pas quelque chose qui se pense mais une expérience à vivre et à éprouver. Il s'agit de goûter, de sentir les choses. Origène, par exemple, évoquait les « sens de l'esprit », les « sens divins », les « sens de l'Homme intérieur » ; les « sens spirituels », les « sens qui ne sont pas sensibles », le « sens supérieur et non corporel » ou le « sens spirituel et d'un autre ordre que le sens désigné communément par ce mot ». Ces sens ouvrent à une perception des réalités spirituelles et permettent un contact entre l'esprit et cette source de la Vie, qu'est Dieu pour les Pères du désert. Macaire, lui, estimait que l'expérience spirituelle fait partie de la vie humaine. Elle est rendue possible grâce aux « cinq sens de l'esprit ». Diadoque va plus loin. Il attribue aux sens spirituels la capacité de percevoir les réalités immatérielles mais aussi de discerner ce qui est bon ou pas pour nous (comme quand on goûte un aliment, on l'apprécie ou pas). Syméon le nouveau théologien (IXe siècle) en parle d'une façon très accessible en décrivant des sens intérieurs analogiquement aux sens corporels. Il évoque les yeux, l'ouïe, le toucher, les mains de l'intériorité, et la bonne odeur de la vie intérieure. Pour mieux comprendre ce que sont ces sens intérieurs, il faut les comparer aux sens corporels tels qu'on peut les concevoir dans leur activité.

> Dans l'ordre spirituel, l'esprit ne cherche plus à ouvrir les yeux pour apercevoir un être, ni les oreilles pour recevoir un discours, ni à purifier l'odorat pour bien sentir ; il n'a pas besoin des lèvres ou de la langue pour goûter et distinguer le sucré de l'amer, ni les mains pour tâter et reconnaître par elle le rugueux, le lisse et le poli. Sa faculté de sentir est en dehors de tout cela. Elle est ramassée tout entière dans l'intériorité. Elle contient en elle-même les cinq sens, qui sont ainsi un plutôt que cinq.

L'essentiel de cette citation est la faculté de sentir intérieurement, d'« intuiter » comme disent certains.

CE QUE JE RETIENS DE L'EXPÉRIENCE DES THÉRAPEUTES DU DÉSERT

Je dispose de sens corporels mais aussi de sens intérieurs. Et la vie spirituelle consiste à les mobiliser pour goûter à la saveur de ce que je vis. La vie intérieure n'est pas quelque chose qui se pense mais une expérience à vivre et à éprouver.

Recommandation

Sans connexion à sa dimension spirituelle, le psychisme est comme un bateau sans gouvernail. Une intériorité saine s'appuie sur ses deux intelligences, rationnelle et spirituelle (intuitive). Elles s'ouvrent respectivement aux réalités visibles et invisibles, matérielles et immatérielles. Une analogie entre ces deux formes d'intelligence et nos sens corporels peut nous aider à mieux saisir l'enjeu. Communément, on considère que nous sommes dotés de cinq sens : la vue, l'ouïe, le toucher, l'odorat et le goût. Notre intériorité, par l'esprit, nous en apporte un supplémentaire, le sens des réalités immatérielles, spirituelles. Dans un environnement donné, si je me bouche les oreilles, j'accède à une partie de ce qui le caractérise mais je n'accéderai pas à sa réalité acoustique. De la même façon, si je pince mes narines, ce qu'exhale cet espace m'échappera. Pourtant, les bruits et les odeurs de cet environnement continuent à exister, quel que soit le niveau d'ouverture des sens correspondants. Il en est de même pour l'intelligence spirituelle (intuitive), cette faculté qui nous permet de rechercher le sens profond des choses. Je peux choisir de ne pas faire usage de mon intelligence spirituelle et me limiter à mon intelligence rationnelle, comme je l'ai fait dans l'exemple précédent avec mon ouïe et mon odorat, je n'accéderai alors qu'à une connaissance partielle, de la réalité. Le pan entier spirituel et immatériel me restera inconnu. Je peux aussi faire le bon choix et associer l'intelligence de mon psychisme et celle de l'esprit pour mieux percevoir le contenu surnaturel et spirituel des choses. En fait, vivre avec mon intériorité, c'est goûter. Goûter à la vie autrement, être attentif à la façon dont je sens et vis les choses. C'est user de ma capacité à m'extraire de la pression de l'urgent pour entrer dans du plus essentiel. C'est, à certains moments, faire le choix de me mettre à l'écoute, non plus du bruit extérieur et de l'actualité, mais du silence et de mes murmures intérieurs. C'est prendre le temps de ressentir mon corps, mon souffle, les pensées et les émotions qui circulent. C'est observer la vie qui circule en moi. N'attendez pas un accident, une maladie, la mort d'un proche, une épreuve pour vous y éveiller. La vie pleine, c'est maintenant. Ne le sentez-vous pas déjà, confusément ?

EXERCICE

Entrez en contact avec tout ce qui constitue l'expérience que vous vivez, maintenant, ici, là. Sentez vos doigts qui sont en contact avec ce livre ou votre tablette numérique, êtes-vous assis ou allongé ou dans une autre position ? Portez votre attention sur les sensations corporelles avec ce qui soutient votre corps. Des pensées vous traversent l'esprit ? observez-les, tranquillement, juste par curiosité, sans rien n'y vouloir changer. Puis entrez en contact avec votre respiration, rien de plus, si ce n'est de continuer à vous rapprocher de vous-même…

L'apophtegme à méditer

Une métaphore proposée par Athanase peut nous encourager à nous ouvrir à différents niveaux de connaissance de la réalité :

> Quand le soleil brille et éclaire toute la terre de sa lumière, si un homme se bouche les yeux et s'imagine qu'il est dans l'obscurité alors que l'obscurité n'existe pas et marche au hasard comme s'il erre dans l'obscurité, tombant sans cesse et s'en allant dans les précipices, il pense qu'il ne fait pas clair et qu'il est dans l'obscurité, il croit regarder mais ne voit rien du tout.

10

10

La nature, tu contempleras

Ou comment trouver dans la nature une source pour ma vie spirituelle

Il a beaucoup été question d'« essence spirituelle ». Comme on l'a vu, elle est de l'ordre de ce qui donne la Vie et, à sa façon la nature en est traversée elle aussi. C'est pourquoi, la respecter mais aussi la contempler avec une attention intérieure est une vraie expérience spirituelle.

Là, ça devient vraiment beau ce vers quoi nous tournent les Pères du désert !

Après s'être assis et avoir un peu attendu, ses visiteurs virent venir deux lions qui, au lieu d'avoir un regard farouche, caressaient l'Ancien, lui témoignant leur soumission. Alors en leur faisant signe il leur commanda de conduire ces étrangers, et de les remettre dans le chemin d'où ils s'étaient égarés.

« Quand je me suis retrouvée face au Mont-Blanc, la seule chose dont j'ai eu envie, ça a été de rester en silence et de regarder. » Quelle magnifique expérience rapporte cette adolescente, racontant comment elle a été « saisie » par la beauté du panorama.

LA NATURE EST HABITÉE D'UNE ESSENCE SPIRITUELLE

La nature a-t-elle quelque chose à voir avec notre vie intérieure ? Et le contact avec elle peut-il être un facteur d'équilibre intérieur ? Oui. La nature n'est pas qu'une ressource à exploiter ou à domestiquer, ni même qu'un lieu d'activités sportives ou un espace à protéger. Elle est une compagne et elle appelle notre attention intérieure, afin d'y percevoir l'essence spirituelle qui la traverse.

Beaucoup d'entre nous sommes touchés par la beauté de la nature. À son contact, nous éprouvons parfois des émotions fortes et profondes. En étant subjugué par un massif montagneux, nous sentons qu'il n'y a pas là qu'un amas de rochers. En contemplant l'océan, nous percevons que devant nous ne se tient pas seulement une considérable quantité de litres d'eau salée. Nous faisons l'expérience que l'observation délicate de la nature « fait du bien ». Et intuitivement, sans le faire délibérément, ce ne sont pas seulement nos sens corporels (la vue, l'odorat, l'ouïe) que nous mobilisons, mais aussi notre capacité intérieure de perception. Vous savez, nos fameux « sens intérieurs » dont parle Syméon le théologien…

Pour les Pères du désert, rien que de plus normal : la vie divine a été incorporée dans les essences spirituelles de la nature.

C'EST DE LA VIE MÊME QU'IL S'AGIT

Pour eux, Dieu ne peut pas être enfermé dans une représentation. Le Dieu grand horloger, le Dieu juge inique, le Dieu pervers, le Dieu maternant ni même le Bon Dieu – bref les dieux qui correspondent à nos problématiques et nos fantasmes –, ça n'est pas leur truc. Clément d'Alexandrie le dit :

> La plupart des hommes, enfermés dans leur corps mortel comme l'escargot dans sa coquille, enroulés de leurs obsessions à la manière des hérissons, modèlent sur eux-mêmes leur idée de Dieu.

Grégoire de Nysse et Denys L'Aéropagite, respectivement, nous préviennent : Dieu n'est pas plus un objet de connaissance.

> Tout concept formé par l'entendement pour tenter d'atteindre et de cerner la nature divine ne parvient qu'à façonner une idole de Dieu, et pas à le faire connaître.

S'il arrive que, voyant Dieu, on comprenne ce qu'on voit, c'est qu'on n'a pas vu Dieu lui-même.

Dieu n'est pas plus nommable, comme l'exprime Grégoire de Naziance :

> Aucun mot ne t'exprime. Quel esprit peut te saisir ? Nulle intelligence ne te conçoit. Seul, tu es ineffable. Seul tu es inconnaissable.

Inaccessible, inconnaissable, inépuisable pour Maxime le Confesseur et Jean Climaque…

> L'infini est sans doute quelque chose de Dieu mais non Dieu lui-même qui est encore infiniment au-delà.

> Celui qui voudrait définir Dieu serait comme un aveugle qui veut compter les grains de sable de la mer.

Tout ça pour dire quoi ? Que pour les Thérapeutes du désert, leur sujet, c'est d'être vivant, sortir du mode robot, être présent pour être présent à la Présence. Et cette Présence, c'est la Vie elle-même, comme le dit magnifiquement Denys L'Aéropagite.

> Il nous faut maintenant célébrer cette Vie perpétuelle d'où procède toute vie, et par qui tout vivant, à la mesure de sa capacité, reçoit la vie. Que tu parles de vie spirituelle, psychique ou corporelle, de celle qui nourrit et fait croître, ou de quelque vie que ce puisse être, c'est grâce à la Vie qui transcende toute vie qu'elle vit et qu'elle vivifie. Car c'est trop peu de dire que cette Vie est vivante. Elle est Principe de vie, source unique de vie. C'est elle qui parfait et différencie toute vie, et c'est à partir de toute vie qu'il faut célébrer sa louange. Donatrice de vie et plus que vie, elle mérite d'être célébrée par tous les noms que des Hommes peuvent appliquer à cette Vie indicible.

Et dans leur vision du monde, La Vie se manifeste de façon particulière dans l'Homme bien sûr, mais aussi dans la nature.

Ainsi, les premiers chrétiens voyaient la résurrection[1] en toute chose : le vol d'un oiseau, le déploiement d'un arbre, la pleine stature de l'Homme.

Pour les Pères, Dieu est présent dans la nature.

> Tu vois le soleil ; pense à Celui qui est la Lumière du monde, voilée par les ténèbres. Tu vois les arbres et leurs branches ; pense à Celui qui, suspendu au bois, attire tout à lui. Tu vois les pierres et les rochers ; Pense à la pierre qui, dans un jardin, obstruait l'entrée d'un sépulcre. Elle fut roulée et, depuis lors, la porte de ce tombeau n'a jamais été close.

Saint Augustin dit que le monde est une « première Bible ». Dieu se cache et se dévoile dans la nature. L'Esprit s'incarne dans la matérialité. Ainsi, chaque chose est habitée de l'invisible.

---

1. La résurrection est le moment où Jésus qui était mort, revient à la Vie et apparaît à ses amis. Cet événement est considéré comment celui où la Vie se manifeste en plénitude.

Si à travers les choses visibles, les invisibles sont contemplées, dans une bien plus grande mesure les choses visibles sont approfondies à travers les invisibles par ceux qui s'adonnent à la contemplation. Car la contemplation des choses spirituelles à travers les visibles n'est autre que la compréhension dans l'Esprit des choses visibles à travers les invisibles.

Cette connaissance spirituelle de la nature, vue de l'intérieur pourrait-on dire, ne vient pas remplacer, mais compléter ce qu'en dit la science rationnelle.

Le monde spirituel dans sa totalité se manifeste dans la totalité du monde sensible. Et le monde sensible tout entier est secrètement transparent au monde spirituel tout entier, simplifié et unifié par les essences spirituelles.

LES PÈRES DU DÉSERT VIVAIENT EN COMMUNION AVEC LA NATURE

C'est pourquoi ils prescrivaient la « contemplation de la nature. » Basile écrivait : « Il suffit de contempler la beauté du monde. » Pour eux, l'Homme n'est pas là pour dévorer le monde mais pour y déceler l'essence spirituelle qui y habite.

Grégoire de Nysse explicite cette réalité spirituelle dans la nature :

> Celui dont l'esprit est peu développé, quand il voit une chose sur laquelle est répandue quelque apparence de beauté, croit que cette chose est belle par elle-même. Mais celui qui a purifié l'œil de son âme et qui est capable de voir les choses belles se sert comme d'un marchepied du visible pour s'élever à la contemplation du spirituel.

Le grand Antoine en fait lui-même l'expérience :

> Un des sages d'alors vint trouver Antoine et lui demanda : « Abba, comment pouvez-vous être si heureux, alors que vous êtes privé de la consolation que donnent les livres ? » Antoine répondit : « Mon livre, c'est la nature des êtres et, quand je veux lire les paroles de Dieu, ce livre est toujours devant moi ».

Pour les Pères, la contemplation est la « sensation des mystères divins cachés dans les choses ». Comme si, en mobilisant nos sens spirituels, le monde sensible devenait moins opaque à la réalité spirituelle de la nature. Autre façon de le dire : la nature n'a pas que l'aspect visible et superficiel que nos sens corporels et psychiques nous permettent d'appréhender.

Pour autant, le monde comme lieu d'expression de la puissance divine, n'est pas du panthéisme, de l'animisme ou du New Age. La nature n'est pas une divinité, mais elle est traversée par l'énergie divine. Origène pose les choses clairement. À côté de sa fonction nourricière, la nature participe à l'élévation spirituelle de l'Homme :

> On peut admettre que ces êtres, semences, plantes, racines ou animaux, sont sans doute au service des besoins corporels des hommes mais par ailleurs, renfermant la figure et l'image du monde invisible, ils ont encore pour office d'élever l'âme et de la conduire à contempler les choses spirituelles.

Dans la suite des Anciens, François d'Assise, de façon toute particulière, a été attentif à la nature, en tant qu'elle révèle une facette du divin. D'après Bonaventure, en priant il « remontait jusqu'à Celui qui est la cause et la raison vivifiante de l'univers, [...] se servant de tout l'univers comme d'une échelle pour se hausser à atteindre Celui qui est la Vie ». C'est pourquoi il parlait aux oiseaux et conversait avec les arbres. Thomas de Celano raconte que François d'Assise cherchait dans l'observation du monde des traces de la bonté divine :

> En toute œuvre de l'artiste, il admirait l'artiste. Il référait au Créateur les qualités qu'il découvrait à chaque créature. Il se réjouissait pour tous les ouvrages sortis de

la main de Dieu et, de ce spectacle qui faisait sa joie, il remontait jusqu'à Celui qui est la cause, le principe et la vie de l'univers. Il savait, dans une belle chose, contempler le Très-Haut. Toutes choses, pour lui, étaient bonnes.

Le contact avec la nature donne à l'homme la possibilité de se rapprocher du divin et de s'en trouver régénérer.

CE QUE JE RETIENS DE L'EXPÉRIENCE DES THÉRAPEUTES DU DÉSERT

La contemplation de la nature est une façon d'approcher la vie divine et de s'en trouver régénérer. Contempler la nature nous fait pressentir son essence spirituelle, « la marque que la Vie a laissée en elle ». La contemplation de la nature peut donner une saveur spirituelle à nos existences. Même si je ne suis pas un mystique, il me suffit d'un peu d'attention aimante.

Recommandation

L'écrivain Pierre Emmanuel, dans l'Arbre de vente, montre la nécessité d'éprouver la profondeur de l'univers pour éveiller celle qui est en soi. Il dit :

> À la campagne, cette dimension est partout. Dans la plaine qui s'étend jusqu'au Ventoux ; dans le fût de l'immense pin parasol ; dans le vol du faucon crécerelle ; dans le cri de la hulotte la nuit ; dans la distance à l'étoile, au crépuscule. Ces choses à la fois visibles et invisibles existent autant et plus que moi, chacune dans son ordre. La vraie mesure de l'homme est dans ces choses : elle est de faire sienne leur intériorité, de prendre part à leur louange, de l'entendre en elles, de la fonder en lui.

Oui, faire sienne l'intériorité de la nature.

EXERCICE
Le contact avec la nature peut déjà donner une saveur particulière à nos existences. Il suffit d'y porter un peu d'attention, pour qu'elle nous révèle ses secrets. Je touche, une pierre, une écorce, je regarde la lenteur de l'arbre. La chose est à la fois visible et invisible. Progressivement, en silence, j'entre en contact avec son intériorité, jusqu'en son « au-delà ».

Apophtegmes à méditer

L'on peut même pressentir ce qu'est la Vie si l'on s'efforce, à travers toute sensation de rejoindre la réalité de chaque être et de ne pas s'en écarter avant d'avoir pénétré dans son propre au-delà.

Qu'est-ce que la pureté ? C'est un cœur compatissant pour toute la nature créée. Et qu'est-ce qu'un cœur compatissant ? Il dit : « c'est un cœur qui brûle pour toute la création, pour les hommes, pour les oiseaux, pour les bêtes, pour toute créature. Lorsqu'il pense à eux, ses yeux versent des larmes. Si forte, si violente est sa compassion que son cœur se brise lorsqu'il voit le mal et la souffrance de la plus humble créature ».

Conclusion

Sommes-nous arrivés au terme de ce livre ? Assurément. De notre compagnonnage avec les Pères du désert, rien n'est moins sûr ! Tout commence maintenant. Nous avons découvert leur enseignement ou progressé dans la connaissance de leur expérience. Comment je continue ?

Pour ma part, j'ai mieux saisi que la sagesse et l'équilibre intérieur consistent d'abord à résister aux injonctions à la performance, à la beauté et au bonheur ; à l'illusion de la zénitude, de la sérénité ou de « la paix et de la joie » permanentes ; à la dictature du lâcher-prise, du « vouloir changer le monde » et du zéro stress. Il me semble qu'ils sont plutôt du côté de la présence ; de la présence à moi-même, de la présence au réel tel qu'il est, de la présence à la Vie telle qu'elle se donne. De la présence et de l'attention aussi ; cette attention qui est notre organe spirituel le plus précieux et qui est pourtant si souvent malmenée et pervertie.

Le drame de nos vies humaines, c'est que nous pouvons rester des humains, sans croître en humanité et avoir un corps en vie, sans être vivants. Et c'est ce qui risque de se passer, si… rien ne se passe ; si je laisse d'autres ou mon environnement décider pour moi. Je comprends des Pères du désert que j'ai la possibilité de prendre ma vie en main. En cela, ils sont encore une fois très actuels. C'est exactement ce qu'on appelle aujourd'hui l'*empowerment*. Il s'agit d'un terme anglo-saxon qui correspond à la capacité d'une personne (ou d'un groupe) à reprendre le contrôle de ce qui la concerne. Il est souvent usité en management, et de plus en plus en médecine. L'*empowerment* d'un patient consistera pour lui à cesser de prendre passivement un médicament en attendant d'aller mieux, pour davantage s'investir activement dans son processus de guérison ou de vie avec sa maladie. Tel que décrit dans le milieu médical, c'est acquérir plus d'autonomie, en se dégageant des perturbateurs qui composent la situation dans laquelle le place la maladie et le fait d'être malade. Ce « reprendre le contrôle » ou ce « davantage d'autonomie » que redécouvre la médecine moderne se traduit pour le patient par un développement des compétences sur sa maladie (mieux connaître ce qui se passe) et aller vers plus d'autogestion au quotidien (participer lui-même à sa thérapeutique). Ceux d'entre nous qui sont atteints de maladies chroniques, comme le diabète par exemple, le savent bien.

C'est en fait cette dynamique que nous proposent les Pères du désert :

- « soyez dans l'empowerment de votre vie intérieure »,
- « gagnez en compétences sur votre âme »,
- « Soyez vigilant à votre qualité de présence et d'attention ».

L'invitation est maintenant de poursuivre, chacun à sa façon, à son rythme, avec ce qui, dans ce livre, l'aura davantage touché, intéressé, bousculé. Vous savez dès lors que vous disposez de sens intérieurs ; c'est maintenant que vous pouvez les utiliser. Qu'est-ce que je sens intérieurement ? Vers quels chapitres revenir, quelle méditation audio me sera la plus profitable ? Ce livre et ses méditations ne sont pas à lire ou écouter, mais à vivre et partager.

Dans ce chemin d'intériorité, soyez à la fois ferme et doux avec vous-même. À certains moments vous prendrez soin de vous, à d'autres, vous « lâcherez l'affaire », comme tout le monde. Puis vous y reviendrez, et vous vous en réjouirez. La vie intérieure n'est pas « à réussir » mais à laisser croître, avec attention.

J'imagine que si un Père du désert revenait aujourd'hui, il m'adresserait l'apophtegme suivant : « (Re)prends ta vie intérieure en main, la source de la Vie est en toi » !

Bibliographie

ANDRÉ C., *3 minutes à méditer*, Paris, L'Iconoclaste, 2016.

BLOCH J. G., *Médecine, méditation et neurosciences*, Diplôme universitaire, Université de Strasbourg, 2017.

CHANGEUX J.-P., RICŒUR P., *La Nature et la règle. Ce qui nous fait penser*, Paris, Odile Jacob, 1988.

CHENG F., *De l'âme*, Paris, Albin Michel, 2016.

CLÉMENT O., *La Philocalie*, Paris, DDB/Lattès, 1995.

ÉVAGRE LE PONTIQUE, *Traité pratique*, Éd. du Cerf, 1976.

FRAIGNEAU-JULIEN B., *Les Sens spirituels et la vision de Dieu*, Paris, Beauchesne, 1985.

GUILLAUMONT A., *Un philosophe au désert, Évagre le Pontique*, Paris, Vrin, 2015.

JEAN CLIMAQUE, *L'Échelle sainte*, Paris, Éd. du Cerf, 2019.

LARCHET J.-C., *Thérapeutique des maladies spirituelles*, Paris, Éd. du Cerf, 2000.

LELOUP J.-Y., *Un art de l'attention*, Paris, Albin Michel, 2002.

MOLINIER N., *Ascèse, contemplation et ministère*, Bellefontaine, Abbaye de Bellefontaine, 1995.

NAULT J.-C., *Le Démon de midi*, Paris, L'Échelle de Jacob, 2013.

PAPE FRANÇOIS, Encyclique *Laudato si'*, Paris, Bayard/Éd. Du Cerf/Mame, 2015.

PFEIFER S., *La Cyberdépendance. Mieux maîtriser la relation à Internet*, Paris, Empreinte Temps présent, 2010.

UN MOINE DE L'ÉGLISE D'ORIENT, *Amour sans limites*, Chevetogne, 1971.

Les Apophtegmes des Pères, Paris, Éd. du Cerf, 2003.

Sentences des Pères, Solesmes, Abbaye de Solesmes, 1981.

Table des matières

2.

Solidaire et pacifique, tu seras

Ou comment comprendre que me regarder le nombril n'est bon pour personne, même pas pour moi

3.

La méditation, tu pratiqueras

Ou comment apprendre à retrouver régulièrement calme et ancrage

4.
Ta vigilance intérieure, tu développeras
Ou comment développer mon organe spirituel, l'attention

5.
De tes maladies d'origine spirituelle, tu feras le diagnostic
Ou comment repérer mes déséquilibres ou mes tendances

6.
Tes avidités, tu maîtriseras
Ou comment ne pas perdre le contrôle de nos envies

7.
Dans l'acédie, tu veilleras à ne pas tomber
Ou comment ne pas se laisser ternir par la face sombre de notre société

8.
Humain, tu commenceras à devenir
Ou comment être pleinement humain, c'est toujours possible, mais jamais gagné

9.
Vers ton intériorité, tu te tourneras
Ou comment l'intériorité est une affaire de sens et de saveur

10.
La nature, tu contempleras

Ou comment trouver dans la nature une source pour ma vie spirituelle

Composition : Nord Compo

N° d'imprimeur : 154877
Achevé d'imprimer par CPI : septembre 2019
Dépôt légal : septembre 2019

Imprimé en France